Arbeitsgemeinschaft für Jugendhilfe

Kindertagesstätten zahlen sich aus

Dokumentation der Fachtagung

Bildung, Erziehung, Betreuung

AGJ

Kindertagesstätten zahlen sich aus

Dokumentation der Fachtagung

AGJ

Arbeitsgemeinschaft für Jugendhilfe

Arbeitsgemeinschaft für Jugendhilfe (Hrsg.)

Kindertagesstätten zahlen sich aus
Dokumentation der Fachtagung

Mit Beiträgen von:
Professor Dr. Hans Bertram, Helga Böhme, Kathrin Bock-Famulla, Wolfgang Dichans, Karin Gerstel, Ulla Grob-Menges, Reto Gugg, Burkhard Hintzsche, Dr. Frank-Michael Pietzsch, Professor Dr. Thomas Rauschenbach, Dr. Harald Seehausen, Mechthild Wessels, Dr. Christoph Zschocke

Eigenverlag und Vertrieb:	Arbeitsgemeinschaft für Jugendhilfe (AGJ)
	Mühlendamm 3
	10178 Berlin
	Telefon: 0 30/40 04 02 00
	Fax: 0 30/40 04 02 32
	e-mail: agj@agj.de
	Internet: www.agj.de
Redaktion:	Peter Klausch (verantwortl.), Sandra Scheeres
Gestaltung:	Sabine Kummetat
Druck und Satz:	DCM Druck Center Meckenheim
Titelfotos:	BilderBox.com
Copyright	Arbeitsgemeinschaft für Jugendhilfe Berlin 2003

ISBN 3-922975-68-2

Nachdruck und Vervielfältigung nur mit schriftlicher Genehmigung der Herausgeberin und der Autorinnen und Autoren.

Diese Publikation wird aus Mitteln des Kinder- und Jugendplans des Bundes gefördert.

Inhaltsverzeichnis

Vorwort
Peter Klausch   7

1. **Fachreferate „Finanzmodelle von Kindertagesstätten"**

   Familie, Ökonomie und öffentliche Kinderbetreuung
   Skizzen zur Genese der privaten Kinderbetreuung
   Prof. Dr. Hans Bertram   11

   Finanzierung von Bildung in Tageseinrichtungen
   in Deutschland
   Kathrin Bock-Famulla   26

   Bildung, Erziehung und Betreuung für alle – am Beispiel
   eines Finanzierungsmodells in Zürich
   Reto Gugg, Ulla Grob-Menges   49

2. **Fachreferate „Realisierung des Bildungs, Betreuungs- und Erziehungsauftrages in der Jugendhilfe"**

   Bildung, Betreuung und Erziehung – aus empirischer
   Perspektive
   Prof. Dr. Thomas Rauschenbach   67

   Jugendhilfeplanung – konkret
   Helga Böhme   83

   Beteiligungsformen der Wirtschaft
   Dr. Harald Seehausen   92

   Herausforderungen für die kommunale Ebene
   Burkhard Hintzsche   120

3. **Podiumsdiskussion: Kindertagesstätten zahlen sich aus**

Was kann die Bundesregierung zur Verbesserung
der Situation tun?
BMFSFJ, Wolfgang Dichans   133

Was planen die Länder?
Minister Dr. Frank-Michael Pietzsch   135

Herausforderungen für die kommunale Ebene
Burkhard Hintzsche   138

In welcher Form kann sich die Wirtschaft beteiligen?
Dr. Christoph Zschocke   139

Was benötigen die Träger, um Qualität zu gewährleisten?
Mechthild Weßels   142

Welche Erwartungen haben die Eltern?
Karin Gerstel   148

4. **Stellungnahme der AGJ
„Bildung in Tageseinrichtungen für Kinder"**   153

5. **Autorinnen und Autoren**   163

Vorwort

Die Arbeitsgemeinschaft für Jugendhilfe möchte mit dieser Veröffentlichung die Fachtagung „Kindertagesstätten zahlen sich aus", die vom 22. bis 23. Oktober 2002 im Rathaus Schöneberg in Berlin stattgefunden hat, dokumentieren. Die Fachtagung „Kindertagesstätten zahlen sich aus" widmete sich Themenfeldern, die in den aktuellen Debatten um den 11. Kinder- und Jugendbericht unter dem Leitmotiv „Aufwachsen in öffentlicher Verantwortung" sowie in den „Leipziger Thesen" in der Diskussion um Bildung in der Jugendhilfe eine wichtige Rolle spielen. Zu der Tagung wurden Expertinnen und Experten aus Wissenschaft, Praxis und Politik eingeladen. Mit dieser Dokumentation will die AGJ die Denkanstöße dieser Tagung einer breiteren Öffentlichkeit präsentieren und einen Beitrag zur Diskussion um die Beziehung von Jugendhilfe und Bildung, Erziehung und Betreuung geben.

Mit dem Rechtsanspruch auf einen Kindergartenplatz wurde eine wesentliche Grundlage geschaffen, um bedarfsgerechte Angebote für alle Kinder im Alter von 3 bis 6 Jahren zu realisieren. Auch wenn diese Angebote in den einzelnen Regionen sehr unterschiedlich geregelt sind, lässt sich dennoch festhalten, dass ein Angebot von „Halbtagsplätzen" für Eltern und deren Kinder bundesweit ermöglicht wurde. Hier liegt die Chance, im Bereich der frühkindlichen Erziehung Bildung, Betreuung und Erziehung als Facetten eines einheitlichen Angebots für alle Kinder erlebbar zu machen. Es besteht damit auch die Möglichkeit, dem Auftrag des KJHG, nämlich der Förderung aller Kinder und der Absicherung ihrer Lebensperspektiven frühzeitig nachzukommen. Prävention steht im Mittelpunkt eines solchen Ansatzes.

Die Phase der frühkindlichen Bildung und Erziehung, d. h. die Zeit, in der Kinder erste strukturierte Lernprozesse und Erfahrungen innerhalb und außerhalb des Elternhauses erleben, ist von entscheidender Bedeutung für den weiteren Lebensweg jedes Einzelnen, aber auch für die Gesellschaft insgesamt. Denn bereits in Familien, Kindertagesstätten und in der Grundschule werden die Haltungen und Einstellungen maßgeblich geprägt, die gelingendes Leben in einer Welt wachsender Komplexität und Dynamik möglich machen.

Festgestellt werden kann, dass ein großer Bedarf an Angeboten für Eltern mit Kindern unter 3 und über 6 Jahren besteht. Diesem Bedarf kann bis heute bei weitem noch nicht nachgekommen werden. Gerade im Zusammenhang der öffentlichen Diskussion um die Vereinbarkeit von Familie und Beruf wird auf diese unbefriedigende Situation für Eltern und deren Kinder immer wieder aufmerksam gemacht. Mit dem Hinweis auf fehlende kommunale Finanzen ist der Ausbau von Angeboten in den letzten Jahren nicht mit dem nötigen Nachdruck verfolgt worden. Die Bundesregierung hat angekündigt, eine verbindliche Quote von 20 Prozent bei der Versorgung mit Krippenplätzen zu verankern. Es wird jedoch bei der Realisierung darauf ankommen, aus einer quantitativen Quote ein qualitativ hochwertiges Angebot zu machen. Hier ist die Kinder- und Jugendhilfe gefragt und gefordert.

Zur Zeit wird von der Politik auf allen Ebenen, wie Bund, Ländern und Kommunen über neue Konzepte nachgedacht, um die Angebotsvielfalt und die damit verbundene Finanzierung im Bereich der frühkindlichen Erziehung positiver zu gestalten. Für die AGJ gilt es, die Diskussion um die Weiterentwicklung der Leistungs- und Angebotspalette zu organisieren und zugleich die Finanzierungsstrukturen aus fachlicher Sicht weiter zu entwickeln. Sie hat mit ihrer Fachtagung eine Bestandsaufnahme vorgenommen und gemeinsam mit den Referenten und Referentinnen Perspektiven und Lösungen diskutiert, die verdeutlichen, dass sich Kindertagesstätten mit ihrem Bildungs-, Erziehungs- und Betreuungsangebot für unsere Gesellschaft weiterhin auszahlen werden.

Die Arbeitsgemeinschaft für Jugendhilfe möchte sich an dieser Stelle bei allen bedanken, die durch ihre Mitwirkung an der Fachtagung zur Diskussion beigetragen haben. Ein besonderer Dank gilt den Autorinnen und Autoren der in dieser Dokumentation zusammengestellten Beiträge.

Peter Klausch

Geschäftsführer der
Arbeitsgemeinschaft für Jugendhilfe

1. Teil

Fachreferate
„Finanzierungsmodelle von Kindertagesstätten"

Prof. Dr. Hans Bertram
Humboldt-Universität zu Berlin

Familie, Ökonomie und öffentliche Kinderbetreuung

Skizzen zur Genese der privaten Kinderbetreuung

1. Einleitung

1835 veröffentlichte die französische Akademie der Wissenschaften die Ergebnisse eines Wettbewerbs zur Zukunft der Kinderbetreuung in Frankreich. Denn während der französischen Revolution war in Paris die Scheidungsrate auf über 50 Prozent gestiegen und zu Beginn des 19. Jahrhunderts wurden mehr als 150.000 Kinder ausgesetzt oder an Orden übergeben. Der französische Historiker Jacques Donzelot (1978) beschreibt eindringlich, wie der französische Staat versuchte, diese Probleme zu lösen, von der Erschwernis der Scheidungen durch Napoleon bis hin zu bezahlten Ammen, ohne dass das wirklich gelang. Das Ergebnis jenes Akademiewettbewerbs wurde aber zur Grundlage einer Familien- und Sozialpolitik, die im Laufe des 19. und 20. Jahrhunderts mit dazu beitrug, dass Kinder in einer menschenwürdigen Umwelt aufwachsen konnten. Die Akademie kam zu dem Schluss, es sei den Spitzen von Verwaltung und Wissenschaft sehr wohl bekannt, dass es für den Staat am ökonomischsten sei, für die Mütter mit Kindern Wohnraum zur Verfügung zu stellen und dafür Sorge zu tragen, dass die leiblichen Väter der Kinder hierfür auch finanziell die Verantwortung übernehmen.

Die hier nur angedeutete neue Ordnung der Familie wurde im Verlauf des 19. Jahrhunderts mit einer Vielzahl von Einzelmaßnahmen, etwa dem Bau von Sozialwohnungen Mitte des 19. Jahrhunderts, dem Ausbau der Jugendfürsorge mit Kontrollmöglichkeiten innerhalb der Familien, dem Verbot der Kinderarbeit, der weiteren Erschwerung des Scheidungsrechts und der Ausgestaltung des Arbeitsrechts zum Schutze der Frauen, weiterentwickelt. Dieser Prozess ist aber keineswegs nur für Frankreich typisch, sondern kann in ähnlicher Weise für viele andere europäische Länder beschrieben werden. Die beiden französischen Historiker Philippe Ariès und Georges Duby haben mit einer Reihe von Kollegen diese europäischen Entwicklungen in der Geschichte des privaten Lebens dokumentiert. Die dort zu Tage tretende Ähnlichkeit der europäischen Entwicklungen ist nicht nur verblüffend, sondern macht deutlich, dass fast alle europäischen Länder in dieser Phase der Frühindustrialisierung mit der starken Expansion der städtischen Bevölkerung und dem allgemeinen Bevölkerungswachstum als zentrale Lösung die Etablierung einer arbeitsteiligen Familienorganisation ansahen, um die Lebens- und Entwicklungschancen von Kindern zu verbessern, mit der wesentlichen Verantwortung für die Erziehung der Kinder bei den Müttern. Gleichzeitig, auch das macht das Zitat der Akademie von 1835 deutlich, war das offenkundig auch volkswirtschaftlich vernünftig, weil alle anderen Lösungen, insbesondere jene, bei denen der Staat, die Kirchen oder die Kommunen die ökonomische Verantwortung für die Kinder hätten übernehmen müssen, teurer geworden wären.

In der aktuellen Debatte um die neue Organisation kindlicher Entwicklungschancen und die Neubestimmung der Verantwortlichkeiten zwischen Eltern, Schulen und vorschulischen Betreuungseinrichtungen für die Erziehung der Kinder, die nach unserer Verfassung zuvörderst das Recht und die Pflicht der Eltern ist, stellen sich ganz ähnliche Fragen wie zu Beginn des 19. Jahrhunderts, allerdings sind heute die Ausgangsbedingungen völlig andere, so dass wir möglicherweise zu anderen Antworten kommen müssen als damals. Die damalige Lösung war die Entwicklung der neolokalen Kernfamilie mit einer klaren Aufgabendifferenzierung zwischen Mann und Frau, wobei die ökonomische Basis der Familie durch den Mann und die Sozialisation der Kinder durch die Mutter zu sichern war.

2. Zum Wandel von Ökonomie, Demografie und städtischem Wohnen

Die volkswirtschaftliche Potenz dieses Modells familiären Zusammenlebens zeigte sich aber erst in vollem Umfang nach dem Zweiten Weltkrieg. Denn die Konzentration der Frauen- und Mutterrolle auf Haushalt und Kindererziehung hatte ökonomisch eine Reihe von positiven Konsequenzen. Die Verknappung von Arbeitskräften war zumindest in West-Deutschland, aber auch in anderen europäischen Ländern ein starker Stimulus zur Steigerung der Produktivität der verbleibenden Arbeitskräfte. Die Orientierung auf die neolokale Kernfamilie übte einen erheblichen Druck auf den Wohnungsmarkt aus, der sich in Europa wie auch in den USA dramatisch veränderte: Neubausiedlungen am Stadtrand als Wohnviertel im Grünen und die damit verbundene klare Trennung zwischen Wohnen und Arbeiten waren auch eine der wesentlichen Voraussetzungen für die Massenmotorisierung in den Fünfziger und Sechziger Jahren und die Entwicklung der Freizeitindustrie auf der Basis des gemeinsamen Familienurlaubs. Diese wenigen Beispiele sollen zeigen, dass diese Form der Familie und die sich entwickelnde ökonomische Struktur der Nachkriegsgesellschaft eng miteinander verwoben waren. Aber auch demografisch schien diese familiäre Lebensform geradezu ideal zu sein, weil sie zumindest für eine kurze Zeit mit einer Netto-Reproduktionsrate von 2,1 Kindern die Bestandserhaltung der Bevölkerung gewährleistete.

Aber die größte Leistung dieser familiären Lebensform liegt vermutlich in der Individualisierung der Kinderbetreuung. Durch die Beschränkung der Kinderzahl auf jene im Durchschnitt etwa 2,1 Kinder (auch schon vor der Erfindung der Pille) erlaubten sich die Gesellschaften mit diesem Familienmodell den Luxus, dass für zwei bis drei Kinder eine erwachsene Person zur Verfügung stand, die in dieser Form der Erwerbsarbeit entzogen war. Vermutlich ist auch die enorme Leichtigkeit, mit der die Eltern in Deutschland die Bildungsreform akzeptierten, mit diesem Modell zu erklären. 1964 rief Picht die Bildungskatastrophe aus, und schon Anfang der Achtziger Jahre waren die Bildungsdaten hinsichtlich Kindergartenbesuch und Anteil der Kinder im weiterführenden Bildungssystem mit den Daten von Picht überhaupt nicht mehr vergleichbar. Trotz der insgesamt sehr positiven Einschätzung der ökonomischen Konsequenzen dieses Familienmodells für die Nachkriegszeit wie aber auch für die Bereitschaft der Eltern, in die Bildung der Kinder zu investieren, stellt sich heute die Frage, ob diese Form des familiären Zusammenlebens auch in Zukunft die gleichen positiven Effekte haben kann.

Hier gibt es zumindest drei ernsthafte Einwendungen. Die demografische Entwicklung seit Mitte der Siebziger Jahre macht deutlich, dass im Rahmen dieses familiären Modells die demografische Bestandssicherung der Gesellschaft nicht gewährleistet ist. Das gilt insbesondere für Deutschland, das heute in seiner Netto-Reproduktionsrate zu den Schlusslichtern in Europa gehört und mit den USA schon gar nicht mehr vergleichbar ist. Während in den USA selbst bei der weißen Bevölkerung und selbst den College-Absolventinnen die Netto-Reproduktionsrate noch in der Nähe der Bestandserhaltung (rund 2,0) sowie in Großbritannien und Frankreich bei 1,7 bis 1,9 liegt, werden in Deutschland pro hundert Frauen etwa 40 bis 80 Kinder weniger geboren. Das wird aller Wahrscheinlichkeit nach drei ökonomische

Konsequenzen haben. Durch die Abnahme der Altersgruppe der 28- bis 40-Jährigen sinken die Investitionsneigungen, reduziert sich deutlich die Innovationsfreude und kollabieren obendrein die Sozialversicherungssysteme. Die Hoffnung, diese Probleme durch Zuwanderung lösen zu können, sollten wir aufgeben, weil andere Nationen auf Grund ihrer Sprache und ihrer Weltoffenheit größere Chancen haben, die wirklich qualifizierten wanderungswilligen jungen Erwachsenen an sich zu binden.

Die PISA-Studie hat deutlich gemacht, dass die Bereitschaft der Eltern, in Bildung zu investieren, zwar dazu geführt hat, dass heute sehr viel mehr Kinder das weiterführende Schulsystem besuchen, dass aber gleichzeitig die schon in den Sechziger Jahren bestehenden Ungleichheiten fortgeschrieben worden sind. Denn wie in den Sechziger Jahren ist die Fähigkeit der Eltern, ihre Kinder im schulischen Kontext zu unterstützen und zu fördern, weiterhin trotz allem Gerede über die Auflösung soziokultureller Milieus weiterhin schichtspezifisch verteilt. Hinzu kommt nun auch noch, dass die Migrantenkinder, die in bestimmten städtischen Kontexten jetzt schon 60 bis 80 Prozent einzelner Schulklassen ausmachen und nach allen validen Prognosen in Städten wie Stuttgart oder Frankfurt bald die Mehrheit stellen, bis heute nicht sprachlich und kulturell so integriert werden konnten, dass sie den schulischen Leistungsanforderungen hinreichend genügen können.

Kernproblem der gegenwärtigen Entwicklung ist jedoch die Tatsache, dass das Familienmodell mit seiner Arbeitsteilung zwischen Ökonomie und Sozialisation der arbeitsteiligen Industriegesellschaft entsprach. Der Höhepunkt dieser Gesellschaft war Anfang der Siebziger Jahre erreicht, als rund 50 Prozent der abhängig Beschäftigten in der Industrie tätig waren. Heute sind es nur noch knapp ein Drittel mit fallender Tendenz; mit Sicherheit werden wir uns irgendwann jenen 17 Prozent nähern, die heute in den USA noch in der Industrie beschäftigt sind. Die neu entstehende Dienstleistungsgesellschaft erwartet aber Qualifikationen für berufliche Positionen, die mit den Qualifikationen und Positionen der Industriegesellschaft nicht unbedingt etwas zu tun haben. Qualifizierte Dienstleistungen werden heute auf Grund der Alterung der Bevölkerung vor allem im Gesundheits- und Pflegebereich nachgefragt. Diese Nachfrage wird weiter steigen, ebenso auch für qualifizierte Dienstleistungen im Finanz-, Kommunikations- und Freizeitbereich. Auch im Bildungsbereich werden zunehmend andere Qualifikationsprofile erwartet als in der Industriegesellschaft.

Diese neuen Qualifikationsprofile lassen sich nun nicht durch die Umschulung von Industriearbeitern entwickeln: Aus einem Industriefacharbeiter ist nicht so einfach eine Steuerfachkraft im Finanzamt zu machen. Als Konsequenz wird, wie es als unbemerkter Prozess seit Anfang der Siebziger Jahre geschieht, auf junge und gut qualifizierte Frauen gesetzt, weil die demografische Entwicklung gar keine andere Möglichkeit lässt, die Nachfrage nach solchen Qualifikationen zu befriedigen. Wenn Anfang des 20. Jahrhunderts selbst sozialdemokratische Arbeiter ein Verbot der Frauenarbeit forderten, um damit die Arbeitslosigkeit zu senken, wäre eine solche Forderung heute, selbst wenn sie politisch durchsetzbar wäre, ökonomisch eine Katastrophe. Dieser Gegensatz charakterisiert recht genau den ökonomischen Wandel, der sich seit Anfang der Siebziger Jahre des 20. Jahrhunderts vollzogen hat. Viele der neu entstehenden Berufe setzen ein so spezielles Wissen oder spezifische soziale Kompetenzen voraus, dass trotz hoher Arbeitslosigkeit die weitere Integration von Frauen in den Arbeitsprozess ökonomisch eine zwingende Voraussetzung sein wird, um im internationalen Wettbewerb mithalten zu können. Das amerikanische Statistische Bundesamt geht in seiner Arbeitsmarktprognose trotz der in den USA höheren Geburtenrate davon aus (Jones 1998), dass die Erwerbsbeteiligung der Frauen die der Männer möglicherweise übersteigen wird, wie auch heute schon an den amerikanischen Universitäten der Anteil der jungen Frauen mit 54 Prozent den der jungen Männer um 9 Prozent übersteigt.

Unabhängig davon, wie die zukünftige ökonomische Entwicklung einzuschätzen ist, führt die demografische Veränderung unserer Gesellschaft im Zusammenhang mit der mangelnden Integration von ausländischen Kindern und Kindern bildungsferner Schichten in das weiterführende Bildungssystem und mit der Transformation der Industriegesellschaft in eine Dienstleistungsgesellschaft dazu, dass die für die Industriegesellschaft funktionalen und positiven ökonomischen Konsequenzen des Familienmodells der Industriegesellschaft nicht in gleicher Weise auch in der Dienstleistungsgesellschaft zu erwarten sind.

3. Das Verhältnis zwischen privater und öffentlicher Erziehung in der Dienstleistungsgesellschaft

Aus der bisherigen Argumentation dürfte deutlich geworden sein, dass die 1835 formulierte These für eine familiäre Lebensform mit einer klaren Aufgabenteilung zwischen Mann und Frau heute nicht mehr die gleichen positiven ökonomischen Konsequenzen hat wie in der Industriegesellschaft. So gut grundsätzlich zu begründen ist, warum auf Grund der demografischen Entwicklung, der mangelnden Bildungsintegration von Migrantenkindern und Kindern bildungsferner Schichten die neu entstehende Dienstleistungsgesellschaft mit ihren völlig anderen Qualifikationsprofilen eine Neubestimmung des Verhältnisses zwischen elterlicher Erziehung und öffentlicher Erziehung notwendig ist, so schwierig stellt sich die konkrete Organisation dieser Neubestimmung dar. Es gibt drei grundsätzliche Dilemmata, nämlich das der Zeit, der Finanzen und der Qualität, deren Lösung nicht allein im Bereich der Kinderbetreuung gesucht werden kann, sondern die, ganz ähnlich wie schon im 19. Jahrhundert, die Durchsetzung des Familienmodells der Industriegesellschaft nur dann möglich erscheint, wenn auch Änderungen außerhalb dieser Relation von Familienerziehung und öffentlicher Erziehung erreicht werden können.

3.1. Das Zeitdilemma

Die durchschnittliche Arbeitszeit eines männlich abhängig Beschäftigten beträgt in Deutschland heute etwa 38 bis 40 Stunden, die durchschnittliche wöchentliche Arbeitszeit von Müttern mit Kindern beträgt in den alten Bundesländern etwa 26 Stunden und in den neuen Bundesländern etwa 35 Stunden, mit etwa gleichen Einkommen der Mütter mit Kindern in Ost und West. In einer Familie mit zwei erwerbstätigen Eltern beträgt also die durchschnittliche Verfügbarkeit am Arbeitsmarkt zwischen 66 und 75 Stunden. Zu keiner Zeit in der Nachkriegszeit war die Zeitbelastung pro Familie durch die Erwerbsarbeit so hoch. Das Maximum betrug in den fünfziger Jahren 48 Stunden. Im Durchschnitt sind heute pro Familie mit Kindern bei zwei erwerbstätigen Eltern zwischen 20 und 30 Stunden dazu gekommen. Die sind ökonomisch allerdings auch erforderlich, weil das weibliche Erwerbseinkommen zwischen 25 und 50 Prozent des Haushaltsnettoeinkommens einbringt. Eine ähnlich hohe Zeitbelastung kannten die Eltern in der DDR. Die Lösung des DDR-Modells war, durch frühe und lange Öffnungszeiten eine zeitliche Entlastung zu ermöglichen. Diese Art von Modellen hat aber keine Zukunft, denn die industriegesellschaftliche Organisation der DDR kannte wie die der Bundesrepublik fest vertaktete Arbeitszeiten. Nach den Arbeitszeiterhebungen des ISO arbeiten schon heute in Deutschland 80 Prozent der abhängig Beschäftigten mit so genannten Arbeitszeitkonten, die ein hohes Maß an Flexibilität ermöglichen. Die Zunahme von Dienstleistungsberufen führt notwendigerweise dazu, dass sich die Arbeitszeiten noch weiter verflüssigen. Das Problem wird in einem Aufsatz der Gewerkschaftszeitung von ver.di am Beispiel eines dänischen Ehepaares illustriert: Beide sind voll beschäftigt und das einzige Kind geht von 8 bis 17 Uhr in eine Tageseinrichtung. Die Eltern haben ihre Arbeitszeit so eingerichtet, dass der eine von 7 Uhr morgens arbeitet, um das Kind nachmittags aus der Einrichtung abholen zu können, der andere beginnt später, um das Kind hinzubringen, mit der Konsequenz, dass immer ein Elternteil am Nachmittag zu Hause ist, aber die Eltern nur abends zwischen 10 und 11 Uhr, bevor sie ins Bett gehen, eine Stunde gemeinsame Zeit haben. Die amerikanische Autorin Judith Schorr hat mit ihrem Buch „The Overworked America" wochenlang auf der Bestsellerliste der New York Times gestanden, was für ein soziologisches Buch selten ist, weil sie sehr genau diese vielfältigen Zeitprobleme dokumentiert hat. Denn nicht immer, das gilt insbesondere für die ländlichen Regionen, sind die Betreuungseinrichtungen so gut zu erreichen, dass Arbeitsweg und Betreuungseinrichtungsweg sich koordinieren lassen, ganz zu schweigen von sonstigen haushaltlichen Aufgaben, die auch zu erledigen sind. In den USA hat sich die gemeinsame Zeit von Eltern und Kindern zunehmend auf das Wochenende hin konzentriert; während der Woche scheint eine zeitliche Koordination auch wegen der Entfernungen kaum noch möglich. Heidi Preuße kommt in ihrer Analyse des Betreuungsbedarfs von Kindern zu dem Ergebnis, dass selbst bei einer vollständigen Tagesbetreuung bei zwei Kindern und der Vollerwerbstätigkeit der Zeitaufwand für die Mutter so hoch wird, dass eine Regeneration der Arbeitsfähigkeit der Mutter ausgeschlossen werden kann. Dabei gilt das nur, wenn der Mann in die Hausarbeit nicht integriert ist. Aber selbst dann bleibt die zeitliche Belastung für beide extrem hoch.

3.2. Das finanzielle Dilemma

1981 versprach der französische Staatspräsident Mitterand vor seiner Wahl 300.000 neue Kinderkrippenplätze und eine großzügige Regelung für die Elternzeit, damit es auch für die Väter interessant sei, sich beurlauben zu lassen. Dieses Versprechen konnte nie eingelöst werden, weil die Kommunen kaum in der Lage waren, die Betriebskosten für die vom Staat finanzierten Plätze aufzubringen. Dieses Versprechen wurde auch unter einer sozialistischen Regierung nicht eingelöst, weil der Wohlfahrtsstaat das nicht finanzieren konnte. Die durchgängige Finanzkrise der deutschen Kommunen, die größtenteils darauf zurückzuführen ist, dass Bund und Länder Leistungen beschliessen, die die Kommunen bezahlen müssen, kann zu dem gleichen Ergebnis führen wie in Frankreich: Statt 300.000 neuen Plätzen stieg die Zahl der verfügbaren Plätze von 120.000 auf rund 190.000 in 1994. Pro Jahr waren im Durchschnitt 6.000 bis 7.000 neue Plätze in Kinderkrippen dazugekommen (Morgan 2002: 149).

Dieses finanzielle Dilemma wird noch dadurch verschärft, dass bei den stark rückläufigen Kinderzahlen, die immer noch vorhandene Abwanderung von Familien mit Kindern in das Umland der großen Städte und der extremen Abwanderung insbesondere junger Frauen aus Ostdeutschland, deren Quote bei den bis zu 35-Jährigen inzwischen 75 Prozent erreicht hat, eine finanziell angemessene Planung von Infrastruktur für solche Plätze kaum noch realistisch durchführbar erscheint. Das Statistische Bundesamt kalkuliert in seiner Bevölkerungsprognose, dass die Zahl der 20- bis 44-Jährigen Frauen, die im Jahr 2000 14,581 Mio. betrug, schon bis zum Jahre 2010 auf etwa 12,5 Mio. Frauen gesunken sein wird. Selbst bei der unrealistischen Annahme, dass sich in kürzester Zeit die niedrige Geburtenquote in den neuen Bundesländern an die der alten Bundesländer anpassen wird, ist nicht auszuschließen, dass aufgrund der fehlenden jungen Frauen in den neuen Bundesländern auf allen Ebenen der Kindertagesstätten ein erhebliches Überangebot entstehen wird, während insbesondere in den katholisch geprägten west- und süddeutschen Bundesländern mit einer hohen Erwerbsbeteiligung von Müttern ein erheblicher Mangel eintreten wird. Diese finanziellen und demografischen Dilemmata ließen sich vielleicht lösen, wenn man etwa durch höhere Elternbeiträge, insbesondere bei den höheren Einkommen, entsprechende Einnahmen zur Kostendeckung erwirtschaften könnte.

Zu dieser Frage haben Michaela Kreyenfeld und C. Katharina Spiess, auch gestützt auf andere Untersuchungen, darauf hingewiesen, dass es auch unter der Perspektive von Verteilungsgerechtigkeit sinnvoll wäre, das Einkommen der Eltern stärker zu berücksichtigen. Ich halte diese Überlegung für wichtig und diskussionswürdig, wenn sie auch, wie die Autorinnen zu Recht schreiben, politisch brisant ist (2002: 73). Allerdings verbirgt sich hinter diesen Finanzierungsproblemen aus der Sicht der Eltern auch ein Problem der Verteilung des individuellen Haushaltseinkommens. Bei den durchschnittlich mit 26 Stunden beschäftigten Müttern in Westdeutschland und einem durchschnittlichen Nettoeinkommen von rund 700 bis 1000 EURO ist in der individuellen Kalkulation des Familieneinkommens immer auch zu berücksichtigen, ab welchem Punkt das Einkommen, das ja auch für die zusätzlichen Kosten der Erwerbsarbeit aufgewandt werden muss, nicht mehr attraktiv erscheint und dann eher die Arbeit aufgegeben wird, als eine Betreuungseinrichtung in Anspruch zu nehmen. Zudem ist heute nicht zu kalkulieren, inwieweit private Betreuungsarrangements gegenwärtig den Bedarf auffangen und bei entsprechenden Kosten der öffentlichen Angebote noch stärker in Anspruch genommen würden. Die teilweise deutlich unterschiedliche Familienstruktur in Westdeutschland gegenüber Ostdeutschland lässt zumindest den Schluss zu, dass solche privaten Arrangements dann an Bedeutung gewinnen würden. Diesen Effekt beschreiben Levy und Michel für die USA, wo die Kinderbetreuungskosten im Wesentlichen von den Eltern selbst, wenn sie das aufbringen können, geleistet werden müssen, während für die ärmeren Eltern über Gutscheine kommunale Betreuungsmöglichkeiten bestehen. Die Eltern, die sich das leisten können, nutzen sehr häufig private Betreuungsangebote, die ihren Qualitätsvorstellungen entsprechen, mit der Konsequenz, dass diese Kinder in sozial homogenen Gruppen und qualitativ guten Betreuungseinrichtungen unterkommen, was man von den anderen Kindern, insbesondere Migrantenkindern nicht sagen kann.

3.3. Das Qualitätsdilemma

Damit sind wir beim Kernproblem der gesamten Debatte. Denn wenn auch kein Zweifel daran bestehen kann, dass keine moderne Gesellschaft es sich leisten kann, das Humankapital, über das die Frauen einer Gesellschaft verfügen, und die Investitionen in dieses Humankapital durch Bildung und Ausbildung zu verzichten und unter einer volkswirtschaftlichen und demografischen Perspektive die Integration der Mütter in das Erwerbsleben auf Dauer eine zwingende Notwendigkeit zu sein scheint, so gilt aber auch hier, dass die Entwicklungsmöglichkeiten von Kindern und ihre Lebenschancen oder das, was in der Kinder- und Jugendhilfe als Kindeswohl bezeichnet wird, auch gegenüber ökonomischen Zwängen Vorrang zu haben haben. Das ist sicherlich eine normative Setzung, aber sie galt auch schon bei dem alten Familienmodell, für das der Vater aller modernen Demokratietheorien Alexis de Tocqueville schon in den Vierziger Jahren des 19. Jahrhunderts formulierte, dass die Eltern in jenem damals neu entstehenden Familienmodell die Care-Taker ihrer Kinder seien und es ihre Pflicht und Aufgabe sei, den Kindern jene Entwicklungschancen zu geben, die notwendig sind, damit diese Kinder möglichst früh selbstständig ihre demokratischen Rechte und Pflichten wahrnehmen könnten. Der Anspruch an eine Tageseinrichtung, das Kindeswohl zu fördern und gemeinsam mit den Eltern für die Kinder eine optimale Entwicklungsumgebung zu schaffen, ist sicherlich dann zu erreichen, wenn die in den Tageseinrichtungen Beschäftigten eine sehr gute Ausbildung erhalten, die Gruppengröße sich an der Entwicklung der kindlichen Persönlichkeit orientiert, die Erziehungskonzepte einer wissenschaftlich-pädagogischen Überprüfung standhalten – man denke nur an Pisa – und auch die Ausstattung heutigen Vorstellungen kindlicher Lebensumwelten entspricht.

Ein solches anspruchsvolles Modell ist aber in hoch differenzierten Gesellschaften auch deswegen angeraten, weil der hohe Anteil der Migrantenkinder nur dann in angemessener Weise integriert werden kann, wenn diese beispielsweise auch schon vor der Schule jene sprachliche Unterstützung erfahren, die nötig ist, damit sie in der Schule mit ihren deutschen Altersgenossen mithalten können. Nur kostet eine solche anspruchsvolle Konzeption nicht nur Investitionsmittel, sondern das Problem sind die laufenden Betriebskosten. So geht Michel bei den unter 2-Jährigen von einer Betreuungsrelation von 1:4 bzw. 1:5 Erzieherinnen zu Kindern aus. Schweden, das für seine Struktur und Konzeption von der OECD (1999: 38) außerordentlich gelobt wurde, besonders hinsichtlich der Integration benachteiligter Kinder, weist heute (1999) in Kindertageseinrichtungen eine durchschnittliche Gruppengröße von etwa 16 Kindern auf und die Relation zwischen den in diesem Bereich Beschäftigten und Kindern beträgt 5:4. Bergqvist und Nyberg (2002: 295), von denen diese Zahlen stammen, weisen aber darauf hin, dass bis 1990 die Beschäftigtenzahlen in diesem Bereich parallel mit der Zahl der betreuten Kinder wuchsen, und seit dieser Zeit wachsen nur noch die Kinderzahlen, wobei seit 1997 ein geringfügiger Anstieg der Beschäftigtenzahl zu beobachten ist. Die beiden Autorinnen sind sich nicht sicher, ob die Verschlechterung der Betreuer-Kinder-Relation auf eine Produktivitätssteigerung innerhalb der Kindertagesstätten zurückzuführen ist oder die erreichte Kostenreduktion pro Kind auch eine Qualitätsverschlechterung mit sich gebracht hat. Sie verweisen allerdings auf die schon zitierte OECD-Studie, um zu zeigen, dass Schweden in diesem Punkt immer noch besser dasteht als die meisten anderen europäischen Länder.

4. Perspektiven zur Integration von ökonomischen Erfordernissen und Kindeswohl

Aus der bisherigen Argumentation dürfte deutlich geworden sein, dass das klassische Modell der neolokalen Kernfamilie mit der klaren ökonomischen Verantwortung für den Vater und der Sozialisationskompetenz für die Mutter für die Entwicklung der Industriegesellschaft sowohl ökonomisch wie aber auch im Interesse der kindlichen Entwicklung ein optimales Modell gewesen ist. Nichtsdestotrotz müssen wir akzeptieren, dass die heutigen ökonomischen Verhältnisse und die demografische Entwicklung diese positiven Wirkungsweise des klassischen Modells der Kernfamilie in Frage stellen. Die Dienstleistungsgesellschaft kann sich ohne die Integration des weiblichen Humankapitals nicht in der Weise entwickeln, um im internationalen Wettbewerb mithalten zu können. Ich bin mir nicht einmal sicher, ob hier nicht einer der Gründe für die Rückständigkeit der wirtschaftlichen Entwicklung in Deutschland liegt. Darüber hinaus lässt uns die demografische Entwicklung aber auch keine Chance, nicht alles einzusetzen, um in den neu entstehenden Dienstleistungssektoren die Erwerbsquote von Frauen auf Dauer zu steigern. Trotz dieser ökonomischen Zwänge gilt es aber, die Standards und Vorstellungen vom Kindeswohl und der kindlichen Entwicklung beizubehalten und für benachteiligte Kinder, insbesondere Migrantenkinder, zu verbessern. Dafür gibt es keinen Königsweg. Dennoch zeigen internationale Vergleiche einige Punkte auf, die die von mir skizzierten Dilemmata zwar nicht grundsätzlich lösen, aber doch verringern.

Auch wenn es nicht intensiv thematisiert wird, so kann kein Zweifel daran bestehen, dass die Zeitstrukturen postmoderner Gesellschaften mit den Zeitstrukturen der Industriegesellschaft kaum noch vergleichbar sind. Wer in einem der großen Industrierevire Deutschlands aufgewachsen ist, weiß, dass bis in die Sechziger Jahre, für die DDR gilt das bis in die Achtziger Jahre, die Schichten der großen Werke den Rhythmus einer ganzen Stadt bestimmten: Die Öffnungszeiten der Schulen, der Ämter und der Kaufhäuser, wie aber auch die Schließungszeiten und die Fahrpläne des öffentlichen Nahverkehrs, folgten diesem Rhythmus. Diese zeitliche Organisation war aber kein Zufall, sondern das Ergebnis von ökonomischen Interessen, Rationalitätserfordernissen und langen und intensiven Auseinandersetzungen zwischen den Tarifparteien („Samstags gehört Papi mir"). Die heute neu entstehenden sehr viel flexibleren Formen der zeitlichen Organisation von Arbeit haben aber erhebliche Auswirkungen auf die Organisation des familiären Alltags und die Möglichkeiten der Kinderbetreuung. Ohne das Engagement der Gewerkschaften und der Unternehmen bei der Neuformulierung der Abstimmung von Zeit, für Arbeit und Zeit für den privaten Lebensbereich, wird das von mir skizzierte Zeitdilemma kaum zu lösen sein.

Hier gibt es auch inzwischen viel versprechende Ansätze. Die Konzepte, die sich als „Work-Life-Balance" verstehen, haben zwei Zielrichtungen. Zum einen wird versucht, gemeinsam mit den Beschäftigen die tägliche Zeitorganisation so zu gestalten, dass sowohl die Erfordernisse des Betriebes wie aber auch die zeitliche Planung der Jahresarbeitszeit oder sogar der Lebensarbeitszeit so organisiert werden kann, dass zwischen den verschiedenen Lebensbereichen eines Arbeitnehmers oder einer Arbeitnehmerin tatsächlich eine Balance zu erreichen ist. Neben dieser individuellen Form der Arbeitszeitorganisation gibt es inzwischen auch eine Reihe von Unternehmen, die spezialisierte Dienstleistungen einkaufen, um die Erfordernisse von Arbeitszeit und Betreuungszeit aufeinander abzustimmen. Auch „Notfallkindergärten", wenn die reguläre Betreuung ausfällt, sind Möglichkeiten, die heute schon in einigen Großbetrieben praktiziert werden.

Man muss sich aber wirklich klar machen, dass der Schlüssel zu diesen Zeitproblemen nicht in der Verbesserung der Betreuungsinfrastruktur liegt, die lediglich ein Mosaikstein ist, sondern in der sozialpolitischen Verantwortung der Unternehmen und Gewerkschaften. Denn internationale Vergleiche, etwa aus Frankreich oder den USA, mit einem sehr ausdifferenzierten Betreuungsangebot zeigen, dass Betreuungsangebote allein dieses Problem der Abstimmung zwischen flexiblen Arbeitszeiten und Betreuungsangeboten nicht lösen können. Dieses Problem wird sich in Zukunft noch verschärfen, weil ein zunehmend größerer Prozentsatz von Großunternehmen beginnt, die festen Arbeitsplätze an einem Standort, insbesondere im Servicebereich, aufzugeben und durch andere Formen der Arbeitsorganisation zu ersetzen. Man kann sich allerdings auch vorstellen, dass hier die Kommunen beginnen, entsprechende Dienstleistungen gemeinsam mit den örtlichen Unternehmen zu entwickeln. Denn die Öffnungszeiten einer Betreuungseinrichtung, die möglicherweise mit den betrieblichen Arbeitszeiten eines bestimmten Unternehmens übereinstimmen, müssen dies noch längst nicht mit denen anderer Unternehmen tun.

Die finanzielle Notlage der Kommunen in Deutschland ist hinreichend dokumentiert und die Abhängigkeit von Vorschriften und Gesetzen des Landes- bzw. Bundesgesetzgebers hat den finanziellen Spielraum der Kommunen stark eingegrenzt. Ich habe oben auf das Beispiel Mitterand verwiesen, der 300.000 Krippenplätze versprach und in seiner 14-Jährigen Amtszeit etwa 70.000 Plätze zu Stande brachte. Doch das ist nur der erste Teil der Geschichte. Weil Plätze in festen Kinderkrippen zu teuer waren, haben die Franzosen verstärkt auf Tagesmütter gesetzt. Nach den Daten des CNAF (1997) berichtet Morgan (2002: 143), dass in den Krippen 9 Prozent der unter Dreijährigen untergebracht sind, 13 Prozent aber in einer lizenzierten familienorientierten Kinderbetreuung („Tagesmutter"), 50 Prozent zu Hause und 2 Prozent von „Nannis" (Kindermädchen) betreut werden; von 26 Prozent liegen keine Daten vor. Diese familienorientierte Kinderbetreuung findet bei den Tagesmüttern zu Hause statt, aber sie sind öffentlich finanziert; die Tagesmütter haben die gleiche Qualifikation wie die Leiterinnen einer Kinderkrippe und sie unterliegen der gleichen Kontrolle. Dennoch ist diese Art der Kinderbetreuung wegen des fehlenden Overhead erheblich kostengünstiger als die institutionelle Krippe und insbesondere in den ländlichen Regionen ist sie unglaublich flexibel. Denn in diesem Fall müssen die Kinder nicht zur Kindertagesstätte gebracht werden, sondern die Kindertagesstätte kommt zu den Kindern. Ich kann hier nicht all die verschiedenen Maßnahmen und Strategien kurz zusammenfassen, die sich unter dem Dach der französischen Familienkasse entwickelt haben, aber es scheinen Strategien auf, die auch in Schweden nach 1990 zu einer Produktivitätssteigerung öffentlicher Betreuung beigetragen haben.

Die Dezentralisierung und Übertragung von Verantwortlichkeiten auf die untersten Entscheidungsebenen scheinen ein ähnliches Ergebnis zu erzeugen wie in der Industrie, bei der diese Prozesse auch dazu geführt haben, dass die Overheadkosten deutlich gesenkt werden konnten. Wer die Konzepte der Hartz-Kommission zur Organisation der Arbeitsvermittlung anschaut, stellt fest, dass auch dort gehofft wird, dass durch diese Art der Organisation Kosten gesenkt, Qualität und Produktivität hingegen gesteigert werden können. Von Frankreich kann man aber auch noch lernen, dass auch in einem Wohlfahrtsstaat das elterliche Engagement, gegründet auf eine Politik der elterlichen Wahl, einerseits eine Individualisierung der Kinderbetreuung ermöglichte und andererseits das auch zu einer größeren kostendeckenden Effektivität beigetragen hat.

Möglicherweise wäre es hilfreich wenn, ähnlich wie bei der Hartz-Kommission, für diesen Bereich entsprechende internationale Vergleiche bewertet und zu Modulen zusammengefügt würden, um nicht dem Fehler zu verfallen, dass die traditionellen deutschen Lösungen in die Zukunft fortgeschrieben werden. Dabei könnte man sich auch auf einen Kostenvergleich zwischen den verschiedenen Betreuungseinrichtungen und elterlichen Unterstützungen, wie das Erziehungsgeld, beziehen. Möglicherweise würde sich herausstellen, dass die Einrichtung einer Familienkasse wie in Frankreich ein sehr effektives Instrument sein kann, um Innovationen und Gleichheit unterschiedlicher Angebote zu gewährleisten.

Wenn es um die Qualität der Kinderbetreuung geht, findet man genau jene Diskussionen, wie wir sie aus dem Schulbereich kennen: Engagierte Eltern sind in der Regel bereit, für die Entwicklung ihrer Kinder auch erhebliche finanzielle Ressourcen zur Verfügung zu stellen, wenn sie die Entwicklungsbedingungen ihrer Kinder in solchen Betreuungseinrichtungen auch kontrollieren können, um sicher zu sein, dass ihre Vorstellungen dort realisiert werden. In Deutschland wird jedoch die Diskussion der Qualität öffentlicher Kinderbetreuung, so drängt sich zumindest der Eindruck auf, ähnlich wie die Frage der Kosten der Betreuung in den unterschiedlichen Einrichtungen oder im Elternhaus nur am Rande oder in einzelnen Forschungsprojekten behandelt (Kreyenfeld 2001). Aus der wirklich lesenswerten Analyse von

Kreyenfeld und Spiess (2002) wird deutlich, dass die Schätzungen für die Investitionen und für den Betrieb von Betreuungsplätzen durch das Bundesministerium für Familien, Senioren, Frauen und Jugend zu solch hohen Ausgaben führen, die durch die Angaben der Amtlichen Statistik überhaupt nicht gedeckt werden.

Die PISA-Studie hat aber deutlich gemacht, dass auch staatliche und kommunale Bildungseinrichtungen regelmäßig einer unabhängigen Qualitätskontrolle zur Qualitätssicherung unterzogen werden müssen. Diese Qualitätskontrollen dürfen nicht von den Trägern der Jugendhilfe und nicht von den Kommunen oder kommunalen Spitzenverbänden selbst durchgeführt werden, sondern müssten genauso unabhängig sein wie die PISA-Studie. Das scheint mir vor allem deswegen erforderlich zu sein, weil ein wesentliches Element zukünftiger Kinderbetreuung im außerfamiliären Bereich die sprachliche Förderung von Migrantenkindern und Kindern bildungsferner Schichten sein muss. Ohne eine solche Qualitätskontrolle besteht vermutlich die Gefahr, Pisa im Vorschulbereich zu wiederholen.

5. Zusammenfassung

Die Botschaft dieses Vortrags ist ambivalent. Ohne Zweifel benötigen wir eine Veränderung der öffentlichen und familiären Kinderbetreuung, weil die demografische Entwicklung, die Veränderung der Ökonomie und der zunehmende Mangel des Humankapitals diese Entwicklung erzwingen. Dennoch ist dies eine ungeheuer schwierige Aufgabe, weil gerade die Veränderung der Ökonomie mit ihren zunehmend flexiblen Zeiten, den neuen Arbeitsformen und der Individualisierung beruflicher Biografien die einfache Übernahme klassischer institutioneller Formen der Kinderbetreuung in Frage stellt. Denn es ist nicht sicher, ob sie den Zeiterfordernissen der modernen Arbeitswelt entsprechen. Es ist nicht sicher, ob sie auf Grund der demografischen Entwicklung, wenn sie an spezifische Standorte gebunden werden, in zehn Jahren eine fehlgeplante Infrastruktur darstellen werden. Und wir können nicht einmal sicher sein, ob diese Formen den zukünftigen Qualitätsansprüchen an vorschulische Bildung genügen.

Ich halte all diese Probleme aber für lösbar, wenn es gelingt, (1) das Zeitproblem gemeinsam mit den Tarifpartnern in Form einer Work-Life-Balance zu gestalten, (2) bei der Finanzierung ähnlich wie die Franzosen neue Betreuungsformen auszuprobieren und (3) zu prüfen, ob nicht auch in diesem Bereich Produktivitätssteigerungen durch Dezentralisierung und Vermeidung von Overheadkosten möglich sind. Ohne eine kontinuierliche, trägerunabhängige Qualitätskontrolle sollten diese Entwicklungen aber nicht in Gang gesetzt werden.

Literatur

Ariés, Philippe, Georges Duby, Hrsg. (1987). Geschichte des privaten Lebens. Frankfurt/M., S. Fischer, Band 1-5

Bergqvist und Nyberg (2002 Walfare State Restructuring and Child Care in Sweden in Michel, S. and R. Mahon (2002). Child care policy at the crossroads: gender and welfare state restructuring. New York, Routledge.

Donzelot, Jacques (1977). Die Ordnung der Familie. Frankfurt am Main: Suhrkamp.

Jones, Arthur F. jr. (1998). Measuring 50 Years of Economic Change. Using the March Current Population Survey. Economics and Statistics Administration, US Bureau of Census. Current Population Reports. Washington, D.C.: US Government Printing Office

Kreyenfeld, Michaela (2001). Employment and fertility. East Germany in the 1990s. Rostock, Univ., Diss.

Kreyenfeld, Michaela, Katharina Spieß, Gert G. Wagner (2001). Finanzierungs- und Organisationsmodelle institutioneller Kinderbetreuung. Analysen zum Status quo und Vorschläge zur Reform Neuwied, Luchterhand

Michel, S. and R. Mahon (2002). Child care policy at the crossroads: gender and welfare state restructuring. New York, Routledge.

Picht, Georg (1964). Die deutsche Bildungskatastrophe. Analyse und Dokumentation. Freiburg: Olten.

Programme for International Student Assessment. and Organisation for Economic Co-operation and Development. (2001). Knowledge and skills for life : first results from the OECD Programme for International Student Assessment (PISA) 2000. Paris, Organisation for Economic Co-operation and Development.

Deutsches PISA-Konsortium (Hrsg.:)
PISA 2000 Die Länder der Bundesrepublik Deutschland im Vergleich
Leske + Budrich Opladen 2002

Preuße, Heide (1988). Finanzwirtschaft landwirtschaftlicher Haushalte. Einkommensverwendung und Einkommenserzielung im Lebenszyklus der Familie. Frankfurt/M., DLG-Verl.

Schor, Juliet B. (1998) The overworked American. The unexpected decline of leisure. New York, Basic Books

Tocqueville, Alexis de (1835/1968). Über die Demokratie in Amerika. Zürich: Manesse.

Kathrin Bock-Famulla

Finanzierung von Bildung in Tageseinrichtungen in Deutschland

1. Einleitung

Die Behandlung des Themas „Finanzierung von Bildung in Kindertageseinrichtungen" unter dem Anspruch, Bildungseinrichtung und nicht nur Betreuungseinrichtung zu sein, impliziert spezifische Anforderungen an die Gestaltung von Finanzierungsmodellen. Anders gesagt müsste die aktuelle Bildungsdebatte auch bei der Gestaltung von Finanzierungsmodellen Berücksichtigung finden.

Blickt man auf die vergangenen 10 Jahre in diesem Bereich zurück, so erinnert man sich recht schnell an die finanzpolitische Debatte, die Anfang der 90er Jahre im Zuge der finanziellen Anstrengungen von Ländern und Kommunen zur Erfüllung des Rechtsanspruchs auf einen Kindergartenplatz geführt wurde. Seit Mitte der 90er Jahre wurde die fachpolitische Debatte vor allem vom Qualitätsthema dominiert. Eine weitere Intensivierung der fachpolitischen Debatte resultiert aus der (Wieder-)Entdeckung der frühkindlichen Bildung.

Die aktuelle Finanzierungsdebatte ist bislang kaum systematisch mit Bezug auf Bildungs- und Qualitätsaspekte geführt worden. Berücksichtigt man, dass einzelne Länder bereits umfassende Vorschläge für neue Finanzierungskonzepte vorgelegt haben bzw. bereits erproben, erscheint es angemessen, dass sich auch die pädagogische Fachöffentlichkeit offensiver dem Thema der Finanzierung widmet. Mit diesem Vortrag sollen einige Impulse für eine solche Auseinandersetzung gegeben werden. Worum geht es?

In den gegenwärtig alternativ diskutierten Finanzierungsmodellen für Kindertageseinrichtungen steht insbesondere ein Wechsel von der Objekt- zur

Subjektfinanzierung im Vordergrund. Durch die Implementierung von marktorientierten Steuerungsinstrumenten, wie z. B. einem Gutschein, sollen Eltern als Nachfrager mehr Einfluss auf die Angebotsstrukturen gewinnen. Diese Erwartungen an eine Stärkung der Konsumentensouveränität und einem damit verbundenen Wettbewerb zwischen den Einrichtungen sind eng verknüpft mit der Hoffnung auf mehr Wirtschaftlichkeit und Qualität durch effizienteren Mitteleinsatz trotz bestehender Finanzierungsengpässe. Ob die Modelle die Erwartungen an sie erfüllen und wie die Ziele der Finanzierungskonzepte zu beurteilen sind, wird durchaus kontrovers diskutiert.

Hinter diesen Debatten verbirgt sich eine Kontroverse über grundlegende Ordnungs- und Steuerungsprinzipien der Bildungs- und auch Sozialpolitik, die in der bildungsökonomischen Diskussion seit den 50er Jahren unter der Fragestellung „Markt oder Plan im Bildungswesen?" immer wieder geführt wird. Das Unbehagen oder die Unzufriedenheit mit der staatlichen Bildungspolitik und Bildungsplanung drückte sich z. B. auch Anfang der 80er Jahre in Deutschland mit Schlagworten aus wie: Überfüllung der Hochschulen, Verrechtlichung und Bürokratisierung des Bildungssystems, Jugendarbeitslosigkeit, mangelnde Abstimmung zwischen Bildungs- und Beschäftigungssystem (Hegelheimer 1981: 352). Lösungen für diese Krisen wurden und werden damals wie heute in alternativen Steuerungssystemen, insbesondere dem Markt, gesehen.

Mit diesem skizzenhaften historischen Rückblick möchte ich lediglich andeuten, dass die Suche nach Überwindung von Krisen oftmals in einem Wechsel von Steuerungssystemen gesehen wird. Dabei fehlt es an einer sorgfältigen Analyse der Ursachen für spezifische Krisenerscheinungen, die jedoch nicht Thema dieses Vortrags ist (hierzu finden sich erste Überlegungen bei Bock-Famulla/Irskens 2002).

Bevor konkreter auf einige „alte" und „neue" Finanzierungskonzepte eingegangen wird, werden kurz Dimensionen vorgestellt, die für eine Analyse und Gestaltung von Finanzierungskonzepten grundlegend erscheinen.

2. Finanzierungskonzepte: Ansprüche und Realitäten

2.1 Dimensionen der Finanzierung

Als erste grundlegende Frage für die Gestaltung wird hier das **„Was?"** aufgeworfen. Damit wird abgehoben auf den Gegenstand der Finanzierung und im Fall von Kindertageseinrichtungen gefragt, welche Leistungen, Angebote finanziert werden sollen. Zur Beantwortung dieser Frage ist zunächst ein Zielkatalog erforderlich, d. h. es müssen Ziele für Kindertageseinrichtungen bestimmt sein. Dieser kann auf durchaus unterschiedlichen Ebenen angesiedelt sein. Hervorzuheben ist, dass diese Zielkategorien zu präzisieren sind im Hinblick auf konkrete Leistungen bzw. Maßnahmen zur Umsetzung dieser Ziele, wie z. B. Öffnungszeiten, Versorgungsquoten mit Plätzen, Gestaltung der Bildungsprozesse und anderes.

Mit **„Wie?"** wird nach dem Steuerungsinstrument gefragt. Es wird davon ausgegangen, dass nur Ziele Ausgangspunkte für eine Diskussion über Steuerungsinstrumente bieten. Denn erst ausgehend von Informationen über angestrebte Ergebnisse können Mittel und Wege für ihre Realisierung präzisiert werden.

Die Entscheidung für marktförmige Steuerungsinstrumente kann auch als eine Antwort auf das „Was?" verstanden werden. Denn in diesem Fall soll das „Was?" über die Nachfrage, d. h. durch die Ausübung der Konsumentensouveränität z. B. der Eltern, erfolgen. Dies zeigt zudem, dass mit der Entscheidung über ein Steuerungsinstrument auch festgelegt wird, welche Akteure über die Ziele entscheiden.

Grundlegend für Finanzierungsmaßnahmen ist weiterhin, in welchem Umfang Ressourcen bereitgestellt werden, d. h. **„Wieviel?"** finanziert wird. Dabei ist zu beachten, dass die erforderlichen Ressourcen auch abhängig sind von dem WAS und dem WIE.

So wird oftmals vernachlässigt, dass für Steuerungsinstrumente spezifische Verwaltungsstrukturen oder auch neue Institutionen geschaffen werden müssen und dadurch zusätzliche Kosten entstehen. Diese Transaktionskosten sind ebenfalls mit in eine Beurteilung von verschiedenen Steuerungsinstrumenten einzubeziehen.

Eine auch im Bereich Kindertageseinrichtungen in Deutschland aktuell interessierende Frage betrifft die Financiers. So ist zu klären, ob und in welchem Umfang Land, Kommune, Träger und Eltern oder auch der Bund sich an der Finanzierung beteiligen.

Diese Skizze von grundlegenden Dimensionen bei der Gestaltung von Finanzierungskonzepten soll deutlich machen, dass Finanzierungsmodelle spezifische Anforderungen erfüllen müssen, damit sie Bildungs- und Qualitätsarbeit in den Einrichtungen ermöglichen. Die vorgestellten Reflexionsebenen für Finanzierungsmodelle sollen zu einer Systematisierung der Diskussion beitragen und zeigen, das z. B. die Vorgabe von Steuerungsinstrumenten nicht ausreicht, sondern ebenfalls zu klären ist, „was?" finanziert werden soll.

Grundsätzlich wird deshalb hier davon ausgegangen, dass zwischen Finanzierungsregelungen und -instrumenten auf der einen Seite und zwischen der Produktion von Leistungsmengen und -qualität auf der anderen Seite ein enger Zusammenhang besteht (vgl. auch Halfar 1999).

Dass genau dieser Zusammenhang bislang nur unzureichende Aufmerksamkeit erhalten hat, wird auch im Elften Kinder- und Jugendbericht noch einmal hervorgehoben. Dort wird ausgeführt, dass bereits im 8. Jugendbericht betont wird, „...dass sich die Gestaltung der Finanzierungswege und -systeme unmittelbar auf Jugendhilfeleistungen auswirkt und diese fördern, behindern oder auch unmöglich machen kann." **(Elfter Kinder- und Jugendbericht 2002: 73)** Gleichzeitig würden genau diese Mechanismen von den Fachleuten in ihrer Tragweite nicht erkannt. Gefordert wird deshalb eine konsequente Verknüpfung der fachlich-inhaltlichen Diskussion mit der Finanzierungsfrage.

Insgesamt kann man deshalb zu der Schlussfolgerung kommen, dass Finanzierung im öffentlichen Bereich bislang überwiegend eine finanzpolitische Angelegenheit ist, die kaum mit fachlich-inhaltlichem Bezug, sondern eher nach Haushaltslage entschieden wird.

Ziel der weiteren Ausführungen ist es auszuloten, wie fachlich-inhaltliche Ansprüche in Finanzierungskonzepten umgesetzt werden können, wobei Kindertageseinrichtungen hier insbesondere als Bildungseinrichtungen angesehen werden.

Zunächst werden allerdings die „alten" und ausgewählte „neue" Finanzierungskonzepte einer kritischen Betrachtung unterzogen.

2.2. Alte Finanzierungskonzepte

Nach dem Kinder- und Jugendhilfegesetz bestehen im Kinder- und Jugendhilfebereich zwei Finanzierungsformen: die Subventionsfinanzierung (nach § 74 SGB VIII Buch) und die Entgeltfinanzierung (nach §77 SGB VIII Buch).

Auf die Ausgestaltung dieser beiden Formen wird jedoch an dieser Stelle nicht weiter eingegangen. Vielmehr werden einzelne Problembereiche, die im Rahmen der Finanzierungsdebatte häufig genannt werden, genannt. Hierzu gehören:
- Keine Ergebnisorientierung als Maßstab für die Finanzierung;
- Unzureichende Orientierung an der Nachfrage der Eltern bei der Angebotsgestaltung;
- Unzureichende Effizienz des Mitteleinsatzes;
- Keine Anreize für Qualitätsentwicklung.

Aus meiner Perspektive finden weitere Problembereiche zu geringe Beachtung, die hier als Thesen formuliert werden:
- Länder- und kommunalspezifische Finanzierungsregelungen führen zu differierenden Angebots- und Ausstattungsstrukturen, die zu ungleichen Lebensbedingungen von Kindern und Familien führen.
- Der gesetzlich formulierte Auftrag von Kindertageseinrichtungen findet in der Gestaltung von Finanzierungsregelungen bislang keinen sichtbaren Niederschlag.
- Entscheidungen über die Höhe von Finanzmitteln werden kaum inhaltlich-fachlich, sondern finanzpolitisch begründet.

Auffällig ist zudem, dass kaum systematische und empirisch fundierte Analysen über die Ursachen der skizzierten Problemlagen im Bereich Finanzierung von Kindertageseinrichtungen vorliegen. So wäre z. B. zu überprüfen, warum die vielfach geforderte Stärkung der Nachfrageorientierung von Eltern bislang offensichtlich nur unzureichend im Rahmen der Jugendhilfeplanung bzw. Bedarfsermittlungen realisiert werden konnte und daraus resultierende Angebote fehlen. Hier wäre z. B. zu untersuchen, ob entsprechende Bedarfe zwar ermittelt sind, aber ihre Umsetzung an nicht bereitgestellten Finanzmitteln scheitert. In einem solchen Fall wären die bestehenden Problemlagen nicht Ergebnis der bestehenden Regelungen, sondern ihrer mangelnden Umsetzung. Hilfreich wäre es zudem, über mehr systematisches Wissen über die Effekte bestehender Finanzierungsregelungen im Hinblick auf die Quantität und Qualität der Angebote zu verfügen.

Im Folgenden soll bezüglich der Finanzierungskonzepte von Hamburg, Berlin und Bayern nicht das jeweilige Modell vorgestellt werden. Im Vordergrund stehen vielmehr – nach einer kurzen Darlegung der jeweiligen Zielsetzungen – ausgewählte Aspekte unter denen die Modelle gemeinsam betrachtet werden.

2.3 Neue Finanzierungskonzepte

Mit der Entwicklung des Finanzierungsprinzips Kita-Card in **Hamburg** verbindet sich insbesondere die Realisierung folgender Zielsetzungen:
- Genauere stadtteil- und quartiersbezogene Feinsteuerung des Platzangebotes;
- Zeitnahe Anpassungsprozesse an den Bedarf;
- Vermeidung des Fehleinsatzes von Ressourcen;
- Stärkung der Stellung der Eltern;
- Wegfall zentraler Planungsbürokratie (Ferber 2001).

Für die kind- und nutzungszeitbezogene Förderung von Kindertageseinrichtungen in **Bayern** (bislang: Modell der markt- und qualitätsorientierten Steuerung) werden folgende Zielbereiche verfolgt:
- Die Qualität der Einrichtungen ausbauen bzw. erhalten;
- Die Einrichtungen leistungsgerechter fördern;
- Anreize für die Einrichtungen schaffen, sich am Bedarf der Eltern zu orientieren;
- Verwaltungsvorgänge vereinfachen;
- Kostenneutral sein (Röthlingshöfer 2002).

Für das bereits praktizierte Konzept der Leistungsentgeltfinanzierung in **Berlin** konnte als Ziel identifiziert werden, dass der Betreuungsumfang den Bedürfnissen der Familien gerecht werden soll.

Alle drei Modelle weisen marktorientierte Elemente aus. Aus diesem Grund soll das Prinzip „Markt" in seinen erwarteten Wirkungen einer differenzierten Analyse unterzogen werden. Zu diesem Zweck werden nachfolgend drei Argumentationsstränge dargestellt, die von Befürwortern des Marktmodells im Bildungssystem oftmals als Vorteile genannt werden:

- **Choice-Argument:** Ein Marktsystem erweitere die Wahlmöglichkeiten der Individuen, die Bildung nachfragen und produzieren.
- **Effizienz-Argument:** Ein Marktsystem erhöhe in Relation zu anderen Systemen, die externe und interne Effizienz des Bildungswesens.
- **Chancengleichheits-Argument:** Ein Marktsystem verbessere die Chancengleichheit des Subjekts im Bildungssystem.

Zum „Choice-Argument":
In allen drei Modellen besteht ein grundlegendes Ziel in der Stärkung der Nachfragemacht von Eltern für die Angebotsgestaltung. Suggeriert wird, dass

Eltern die Betreuungsqualität und -quantität, die sie für ihr Kind wünschen, frei auswählen können.

Hier sind jedoch folgende Einschränkungen zu nennen:
- In Hamburg erhalten Eltern einen Betreuungsscheck, der von der Behörde für einen spezifischen und begrenzten Leistungsumfang ausgestellt bzw. bewilligt wird. Die von den Eltern ausgewählte Einrichtung löst den Scheck bei der entsprechenden Behörde ein.
- In Bayern werden kindbezogene Leistungspauschalen finanziert, deren Höhe sich durch die Nutzungszeiten sowie spezifische Gewichtungsfaktoren ergibt. Die Einrichtung beantragt die Pauschalen beim öffentlichen Jugendhilfeträger.
- In Berlin erhalten Eltern einen Bedarfsbescheid, der den Anspruch bzw. Bedarf der Eltern ausweist. Dieser bildet die Grundlage für die finanzierte Betreuung. Finanziert werden pro-Platz-Pauschalen, deren Höhe sich aus Vereinbarungen über Festkosten pro Platz ergibt.

Ich komme zusammenfassend zu der Einschätzung, dass durch die vorgestellten subjektorientierten Finanzierungsmodelle nicht – wie häufig suggeriert wird – die tatsächliche Nachfrage der Eltern, sondern das ihnen bewilligte Nachfragepotential finanziert wird. Die Quantität und Qualität der Angebote basiert zudem auf festgelegten Standards, zum Beispiel für den Personalschlüssel, die Gruppengröße etc.

These: Diese Form der subjektbezogenen Steuerung (direkt oder indirekt) ist ein Instrument zur Begrenzung und Kontrolle der Nachfrage der Eltern.

Die Wahlmöglichkeit eröffnet den Eltern die Möglichkeit, einen Platz in ihrer „Wunscheinrichtung" nachzufragen. Wenn es sich allerdings um eine Einrichtung handelt, die bei vielen Eltern eine hohe Attraktivität genießt, können wahrscheinlich nicht alle Kinder aufgenommen werden. Es entsteht ein Kapazitätsproblem bei den nachgefragten Einrichtungen. Da eine Einrichtung ihre Kapazitäten nicht unbegrenzt erweitern kann, müssen Eltern auf andere Einrichtungen ausweichen, wenn sie einen Betreuungsplatz nutzen wollen. Falls das quantitative Angebot der verbleibenden Plätze der quantitativen Nachfrage in einer Region entspricht, bestehen für diese Einrichtungen u. U. keine oder kaum Anreize, ihr Angebot an den Wünschen der Eltern zu orientieren. Mit anderen Worten: Es bleibt offen, ob in dieser Situation nur für einen Teil der Eltern die gewünschte Nachfrage erfüllt wird und dies auch strukturell im System verankert ist.

Übersteigt das Angebot die Nachfrage ist davon auszugehen, dass Überkapazitäten aus wirtschaftlichen Gründen nur für kurze Zeitperioden existieren werden, da niemand überschüssige Plätze bezahlen wird. Zu erwarten ist deshalb, dass Abstimmungsprozesse zwischen Angebot und Nachfrage und damit verbundene Wettbewerbsprozesse zwischen Einrichtungen nicht dauerhaft stattfinden. Lediglich für die Phasen der Abstimmung müssen die Einrichtungen ihre Attraktivität gegenüber anderen Einrichtungen unter Beweis stellen. Dabei ist gegenwärtig nicht zu antizipieren, in welcher Weise die Einrichtungen miteinander in Konkurrenz treten. Vorstellbar ist zum Beispiel, dass sie weniger auf eine kontinuierliche Entwicklung ihrer Qualität als vielmehr auf eher kurzfristige Marketing-Strategien setzen. Grundsätzlich ist zu berücksichtigen, dass verschiedene externe Einflüsse, wie zum Beispiel die demographische Entwicklung, Impulse für die Qualitätsentwicklung in den Einrichtungen geben. Damit gewinnt die Notwendigkeit, sich am Markt behaupten zu müssen, gegebenenfalls Vorrang vor fachlichen Qualitätsansprüchen.

These: Die Einrichtungen setzen nur auf die Entwicklung spezifischer Qualitätsbereiche.

Es können insbesondere Qualitätsmerkmale verfolgt werden, die für Eltern leicht und unmittelbar transparent sind, wie z. B. ein ansprechendes Gebäude. Zu befürchten ist, dass eine nachhaltige Weiterentwicklung der Prozessqualität, also der kontinuierlichen pädagogisch-fachlichen Arbeit, eher vernachlässigt wird. Sie ist zeitlich aufwendig, personalintensiv und für Eltern kaum transparent zu machen und deshalb für Marketing weniger geeignet. Für eine abschließende Einschätzung ist zu wenig über die Wahlentscheidungen von Eltern bekannt. Vorhandene Untersuchungen weisen allerdings darauf hin, dass Aspekte wie Nähe der Einrichtung zum Wohnort und Arbeitsplatz einen entscheidenden Stellenwert bei den Auswahlentscheidungen der Eltern haben (Bock/Timmermann 2000).

Welche Unterschiede in der Angebotsgestaltung zwischen den Einrichtungen lassen die Finanzierungsbedingungen zu?
Vermutet wird, dass bei identischem Finanzvolumen für die Ausgestaltung der pädagogischen Konzeptionen der Einrichtungen Handlungsspielräume bestehen. Gleichwohl ist auch zu klären, inwieweit bestimmte finanzielle Voraussetzungen vorhanden sein müssen, damit die erforderlichen strukturellen Voraussetzungen für die jeweilige Konzeption überhaupt geschaffen werden können (z. B. benötigt ein Naturspielraum ein entsprechendes Außengelände). Allgemein kann vermutet werden, dass bei gleichem Fi-

nanzvolumen für gleiche Leistungen vor allem jene Merkmale in den Einrichtungen variieren, die kostenneutral unterschiedlich gestaltet werden können. Kostensteigernde Merkmale sind nur insofern realisierbar, als hierfür zusätzliche Finanzierungsquellen zur Verfügung stehen müssen.

Genauer zu untersuchen wäre, ob folgender Effekt eintritt: Entspricht die gesamte quantitative Nachfrage dem Angebot, haben die Einrichtungen eventuell Interesse an einer bestimmten Gruppe von Eltern, z. B. „sozial besser gestellte" und deutschsprachige. Dadurch könnte es in der Folge zu einer einrichtungsspezifischen Aufteilung und Konzentration von Kindern aus verschiedenen sozialen Gruppen kommen. Zu prüfen wäre, welche Wirkungen ein solcher „Creaming-Effekt" auf die Bildungschancen der Kinder z. B. aus sozial schwachen Familien hat. Versucht man, diesen Mechanismus durch den sogenannten Kontrahierungszwang zu verhindern, ist zu berücksichtigen, dass Eltern bei der Wahl der Einrichtung möglicherweise dennoch selbst ihre Entscheidung entsprechend ihrer sozialen Lebenslage treffen und damit soziale Segregationsprozesse durch individuelle Entscheidungen fördern.

Zum „Effizienz-Argument":
Das Effizienzkriterium, mit dem beispielsweise das Verhältnis von Ertrag zu Aufwand gemessen werden kann, führt in kurz- und mittelfristiger Perspektive eher zu messbaren Resultaten als in langfristiger Betrachtung. Das heißt, die Marktsteuerung neigt aufgrund eher kurzfristiger Zeithorizonte generell zu einer ökonomischen Unterschätzung eher langfristig ausreifender Projekte, die möglicherweise betriebswirtschaftlich unrentabel, jedoch volkswirtschaftlich produktiv sind. Bedeutsam ist deshalb auch, mit welcher Perspektive Effizienzbeurteilungen vorgenommen werden.

1. Mikro-Effizienz:
Hier kann die Effizienz im Hinblick auf die Bildungsergebnisse von Einrichtungen untersucht werden. Effizienzvergleiche zwischen Einrichtungen sind allerdings schwierig, da nur Einrichtungen mit identischen Voraussetzungen bzw. Rahmenbedingungen miteinander verglichen werden könnten. Zudem gibt es u. U. aufgrund der verschiedenen pädagogischen Konzeptionen differierende Vorstellungen über die gewünschten Bildungsergebnisse, so dass auch hier eine vergleichende Effizienzuntersuchung nicht angemessen erscheint.
Befürworter von Bildungsgutscheinen vertreten deshalb die Position, dass bereits die Möglichkeit der Eltern, die Bildungseinrichtung für ihr Kind wählen zu können, ein wesentliches Kriterium für eine effiziente Nutzung von

Ressourcen ist. Damit steht nicht die Qualität von wählbaren Angeboten im Vordergrund, sondern die Quantität der Wahlmöglichkeiten.

2. Makroeffizienz
Sie bezieht sich auf eine Beurteilung der Ergebnisse aller Einrichtungen in Relation zu den entstehenden Kosten. Hier wäre beispielsweise die gesamte Infrastruktur für ein Gutschein-System mit den Infrastrukturkosten (z. B. Kosten für ein Gütesiegelsystem, für Elterninformationsangebote oder Transport der Kinder) zu untersuchen. Der US-Amerikaner H. Levin kommt zum Beispiel für die USA zu dem Ergebnis, dass durch ein Gutscheinsystem erheblich höhere Kosten als durch das bestehende System entstehen (Levin 2000).

Zum „Chancengleichheitargument":
Nachfrageorientierte Finanzierungssysteme werden gegenwärtig auch mit dem Abbau sozialer Ungleichheit als Effekt befürwortet. Hier können lediglich skizzenhaft einzelne Aspekte, die in der Diskussion zu berücksichtigen wären, angesprochen werden.
1. Gutscheine, die eine Zuzahlung ermöglichen, würden Familien mit höheren Einkommen bevorzugen. Zusätzliche Angebote, wie z. B. Musik- oder Kunstkurse, könnten, wie im bestehenden System nur mit einer zusätzlichen Zahlung genutzt werden. Notwendig wären statt dessen für alle Kinder Angebotsstrukturen, die je nach Interessen und Förderbedarf der Kinder genutzt werden können.
2. Mangelnde Investitionen in den Transport der Kinder zu weiter entfernt liegenden Einrichtungen und ein fehlendes Elterninformationssystem würden jene unterstützen, die den Transport bezahlen können und Zugang zu entsprechenden Informationen haben.
3. Viele Studien zur Bildungswahl zeigen, dass die ohnehin „benachteiligten Familien" in geringem Umfang die Wahlmöglichkeiten nutzen und es auf diese Weise zu „creaming off"-Effekten kommt, d. h. die Kinder sozial besser gestellter Familien besuchen die nach der Beurteilung der Eltern qualitativ besseren Einrichtungen. Sozial Benachteiligte müssten durch die Bereitstellung von Transportmöglichkeiten und offensive Informationsstrategien unterstützt werden.

Der Reiz der Wahlfreiheit besteht auch darin, dass Kinder Einrichtungen besuchen können, die spezifische Werte und Ziele der Familien fördern und weniger gesamtgesellschaftliche Ziele. Durch einen solchen Trend könnten Kindertageseinrichtungen wesentlich gezielter als gegenwärtig durch die Nutzung von Marktnischen, z. B. differenziert nach spezifischen religionspädagogischen Angeboten, politischen Orientierungen, Sprachen oder kulturellen Schwerpunkten geschaffen und gefordert werden. Gesamtgesellschaftliche Werte und Institutionen, die grundlegend sind, um öffentliche Bildungsziele zu realisieren und damit auch **soziale Kohäsion** zu fördern, werden vom individualistischen Marktverhalten tendenziell untergraben.

Nicht zuletzt vor dem Hintergrund der PISA-Studie bleibt deshalb zu klären, ob und wie weit Finanzierungsmodelle Voraussetzungen dafür bieten, **alle Kindertageseinrichtungen zu qualitativ hochwertigen Bildungseinrichtungen entwickeln zu können**, in denen Kinder nach ihren jeweiligen individuellen Voraussetzungen gefördert werden können.

Zusammenfassend wird hier festgehalten, dass sowohl bei den alten als auch bei den neuen Finanzierungskonzepten bislang insofern ein konkreter Bezug zum Bildungs- und Erziehungsauftrag fehlt, als nicht die finanziellen Voraussetzungen für die Umsetzung der Bildungsangebote explizit festgestellt und geregelt werden.

Bevor differenzierter auf Möglichkeiten der Verbindung von pädagogischen Ansprüchen und die Bestimmung ökonomischer Voraussetzungen eingegangen wird, soll das hier zugrunde gelegte Bildungsverständnis skizziert, also die Frage nach dem „Was?" erörtert werden.

3. KTE zwischen bildungspolitischen Ansprüchen und finanziellen Restriktionen

3.1 Ansprüche an die frühkindliche Bildung

Die Auffassung von frühkindlichen Bildungsprozessen als Selbstbildung impliziert eine aktive Auseinandersetzung mit der dinglichen und sozialen Welt des jeweiligen Individuums. Diese Welt ist für das Kind immer eine soziale, eine bereits gestaltete, in der Erwachsene gesellschaftlich konstruierte Wissensbestände, Einstellungen, Werte und Normen bereitstellen und vermitteln. Diese können die Konstruktionsmöglichkeiten des Kindes unterstützen und erweitern oder auch beschränken und unterbinden (Heck 2002: 54). Ohne an dieser Stelle differenzierter auf das Konzept der Selbstbildung eingehen zu können, werden mögliche Schlussfolgerungen für den Alltag in Kindertageseinrichtungen, aber auch für die Lebenswelten von Kindern insgesamt angedeutet.

Heck kommt zu dem Ergebnis, dass sich die konkreten Tätigkeiten im Alltag einer Kindestageseinrichtung zur Förderung von Selbstbildungsprozessen auf drei Ebenen beziehen müssen:

1. Für frühkindliche Konstruktionsprozesse müssen geeignete Erfahrungsräume geschaffen werden, d. h. an Bedeutung gewinnen Prozesse wie Raumgestaltung; Materialauswahl; Raum, Zeit und Gelegenheit für Prozesse vielsinnlicher Wahrnehmungsaktivität.
2. Selbstbildungsprozesse der Kinder müssen von Erwachsenen wahrgenommen und gedeutet werden, damit sie auf die Themen der Kinder antworten und diese sinnvoll erweitern können.
3. Kindern müssen Themen „zugemutet" werden, gewissermaßen als Impulse für ihre Bildungsprozesse unter Berücksichtigung ihres jeweiligen Entwicklungsstandes (Heck 2002: 58).

Auf dem Hintergrund des dargestellten Bildungsverständnisses kann man zu zwei grundlegenden Schlussfolgerungen kommen: Kindern sollten Gelegenheiten eröffnet werden außerhalb des Familienzusammenhangs, z. B. in Kindertageseinrichtungen, ihre Bildungserfahrungen erweitern zu können, um komplexe Modelle von Welt konstruieren zu können.
Für die Finanzierungsdebatte stellt ein solches Verständnis von Bildung eine besondere Herausforderung dar. Denn die Erkenntnisse über die Selbstbildungsprozesse von Kindern müssen Ausgangspunkt für die Gestaltung der Lebenswelten von Kindern in Kindertageseinrichtungen sein. Maßnahmen und Prozesse zur Förderung und Unterstützung dieser kindlichen Bildungsprozesse müssen entwickelt und für Ressourcenbemessungen zugänglich gemacht werden.

Wie kann eine solche Verbindung von pädagogisch-fachlichen Ansprüchen und ökonomischer Handlungsrationalität in Finanzierungskonzepten berücksichtigt werden?

3.2 Finanzierung von Kindertageseinrichtungen im Spannungsfeld von pädagogischer Fachlichkeit und ökonomischer Handlungsrationalität

Der tiefgreifende gesellschaftliche Prozess ökonomischer Rationalisierung zeichnet sich heute zunehmend in Maßnahmen zur „Erschließung von Einsparmöglichkeiten" auch in außerökonomischen Bereichen wie dem Bildungs- und Sozialbereich aus.

Behauptet wird deshalb, dass der heute überwiegend vertretene ökonomische Ansatz sich stark von lebenspraktischen Fragen entfernt hat. Der Bezug zum „guten Leben" und einem gerechten gesellschaftlichen Zusammenleben der Menschen ist einer weitgehend herausgelösten **dekontextualisierten ökonomischen Sachlogik des Marktes** gewichen (Ulrich 1995). Das autonom modellierte Wirtschaftssystem ist nur noch eingebettet in wirtschaftliche (Effizienz-) Kriterien und nicht mehr in andere, auch die Gesellschaft ordnende Bezüge. Vielmehr scheinen die gesellschaftlichen Beziehungen zwischen Menschen zunehmend in Marktbeziehungen verwandelt zu werden (vgl. Ulrich 1995).

Die Forderung nach einem lebensweltlichen Bezug in einem veränderten Ökonomieverständnis kann für Kindertageseinrichtungen bedeuten, dass ihre gesellschaftliche Einbindung anhand der ihnen öffentlich und gesetzlich zugewiesenen Aufgaben aufgezeigt wird. Damit würde der Stellenwert der frühkindlichen Bildung in den Kontext verschiedener Lebenswelten gesetzt und nicht als isoliertes einmaliges Konsumangebot für Kinder eingeschätzt werden. Diese Perspektive wird unterstützt durch eine Positionierung im Elften Kinder- und Jugendbericht, dass frühkindliche Bildungsprozesse integraler Bestandteil des Aufwachsens von Kindern sind und auch in öffentlicher Verantwortung angeboten werden sollen (Elfter Kinder- und Jugendbericht 2002).

Was heißt dies nun für die konkrete finanzpolitische und fachpolitische Diskussion?

3.3 Ökonomische Handlungsrationalität im Bildungs- und Sozialbereich: Anregungen für einen lebensweltlichen Ökonomiebegriff

Gemäß dem Wirtschaftlichkeitsprinzip soll eine möglichst günstige Relation zwischen Ergebnis und eingesetzten Mitteln erreicht werden. Ein ökonomisches Handlungsprinzip gemäß dem Wirtschaftlichkeitsprinzip ist das normative Konzept der Effizienz, dass die Optimierung der Ressourcenge und -verbrauchs anstrebt.

Dem Prinzip liegt eine Zweck-Mittel-Rationalität zugrunde, d. h. es wird von einer kausalen Beziehung zwischen eingesetzten Ressourcen und realisierten Ergebnissen ausgegangen. Die Anwendung des Effizienzkriteriums erweist sich im Bildungs- und Sozialbereich als schwierig. Denn Handlungs- und Interaktionsprozesse in diesen Lebenswelten sind komplex und unstrukturierte Handlungssituationen und gekennzeichnet durch komplexe Interdependenz-Zusammenhänge der handlungsbestimmenden Faktoren.

In den Handlungskontexten des Bildungs- und Sozialbereichs wird deshalb von einem „strukturellen Technologiedefizit" ausgegangen, was auch heißt, dass die Identifizierbarkeit von Ursache-Wirkungs-Zusammenhängen als kaum möglich eingeschätzt wird. Für die Anwendung des Wirtschaftlichkeitsprinzips ist nun allerdings eine gut strukturierte Handlungssituation erforderlich, d. h. die Konkretion und Operationalisierbarkeit der Input- und Outputgrößen ist notwendig. Aus diesem Grund darf zur Strukturierung einer Handlungssituation die Anwendung der Zweck-Mittel-Relation immer nur auf Einzelziele erfolgen. Effizienz- und Effektivitätsbeurteilungen können sich also nur auf spezifische, genau festgelegte Zieldimensionen beziehen, so dass Wirtschaftlichkeit nicht allgemein, sondern immer nur zielbezogen verfolgt und näher bestimmt werden kann (vgl. näher hierzu Budäus 1996). Die Aussage, eine Einrichtung sei effizient, ist demnach wenig informativ bzw. eigentlich nicht zulässig.

Ziele von Kindertageseinrichtungen werden hier als zentrale Kategorien zur Herstellung des lebensweltlichen Bezugs verstanden, da auf diese Weise die gesellschaftlichen Erwartungen z. B. an Kindertageseinrichtungen transparent gemacht werden können.
Die im Kinder- und Jugendhilfegesetz (SGB VIII Buch) sowie in den jeweiligen landesrechtlichen Regelungen formulierten Aufträge für Kindertageseinrichtungen bieten neben fachlichen Zielen Anknüpfungspunkte für solche Zielbestimmungen. Allerdings sind die dort genannten Ziele, wie z. B. „eigenverantwortliche und selbstständige Persönlichkeit", sehr schwer zu operationalisieren. D. h. ein solches Ziel bietet kaum Schlussfolgerungen über die notwendigen Ressourcen zur Umsetzung dieses Ziels. Einen möglichen Ausweg, dennoch die Beziehung zwischen Ressourceneinsatz und Ergebnis im Bildungs- und Sozialbereich zu untersuchen, bietet das 3-Ebenen-Konzept von Budäus (1996), das eine Strukturierung von Handlungssituationen unterstützen kann.

Auf dem Hintergrund des 3-Ebenen-Konzepts soll im Folgenden das Beispiel „Sprachförderung von Kindern" für die Strukturierung einer Handlungssituation genutzt werden.

Das Ziel „Förderung der Sprachkompetenz von Kindern" stellt eine schlecht strukturierte Handlungssituation dar, die nicht sinnvoll unter dem Kriterium der Wirtschaftlichkeit diskutiert werden kann. Nach dem 3-Ebenen-Konzept liegt es nahe, sich auf die jeweiligen Mittel bzw. Maßnahmen, die zur Zielerreichung eingesetzt werden, zu konzentrieren, da sie eine klarere Struktur aufweisen. Ausgehend von der Annahme, dass die Sprachkompetenz mit häufigen sprachlichen Interaktionen, die von den Kindern ausgehen, gefördert werden kann, erhält der Personalschlüssel, d. h. die Anzahl der Kinder pro Erzieherin bzw. Erzieher, einen erheblichen Stellenwert. Denn Untersuchungen zeigen, dass die Zahl der von Kindern ausgehenden sprachlichen Interaktionen abnehmen, je mehr Kinder von einer Erzieherin bzw. einem Erzieher betreut werden (Die Vorschulerziehung in der Europäischen Union 1995: 29). Eine Maßnahme zur Sprachförderung wäre demnach die Ermöglichung einer hohen Zahl von verbalen Interaktionen, die von den Kindern ausgehen. Als entscheidender Input für eine solche Situationsgestaltung wird ein günstiger Personalschlüssel eingeschätzt.

Das ausgewählte Beispiel veranschaulicht allerdings auch die Problemvielfalt dieses Ansatzes. Zu fragen ist, ob und wie die Komplexität und situationsabhängige Individualität pädagogischer Prozesse Berücksichtigung finden können. So kann z. B. der Personalschlüssel als ein wesentliches Strukturmerkmal für Handlungssettings, die die Sprachkompetenz von Kindern fördern sollen, in den Blick genommen werden. Wichtig für die Gestaltung von Kommunikationssituationen mit Kindern und deren Sprachentwicklung sind aber z. B. auch die Inhalte einer Kommunikation. Darüber hinaus sind jene Faktoren in den Blick zu nehmen, die für eine externe Steuerung von Kommunikationsprozessen von Belang sind. Hierzu gehört beispielsweise die Berücksichtigung von zusätzlichen Inputfaktoren, wie das Aus- und Weiterbildungsniveau von Erzieherinnen und Erziehern. Direkte externe Interventionen in das unmittelbare pädagogische Geschehen werden als kaum möglich eingeschätzt. In der pädagogischen Forschung bislang eher vernachlässigt wurde, welche Faktoren, die auch politischen Entscheidungsprozessen zugänglich sind, auf die Qualität der Prozesse einwirken können (siehe unten die Anmerkungen zu den Ergebnissen von Tietze (Hrsg.) 1998).

Das vorgestellte Denkmuster provoziert unter Umständen den Vorwurf der sozialtechnologischen Beschreibung von Interaktionsprozessen und legt eine Reflexion über den Nutzen einer solchen Vorgehensweise nahe. Zu berücksichtigen ist aber, dass Verhandlungen über die Finanzausstattung von Kindertageseinrichtungen nach wie vor pädagogisch-fachlicher Begründungen für erforderliche Ressourcen entbehren. Die Konsequenz ist dann meistens, dass Finanzmittel für Kindertageseinrichtungen von Politikern nach dem Motto: „Wer nicht definiert, wird definiert" (vgl. Hoffmann 2000), je nach Haushaltslage festgelegt werden und zwar ohne Berücksichtigung qualitativer Beurteilungskriterien.

Die bisherigen Überlegungen sollten aufzeigen, daß die reflektierte Anwendung ökonomischer Prämissen im Bereich von Bildungs- und Sozialarbeit zu einer Perspektivenerweiterung führen kann (vgl. auch Finis Siegler 1997). Die kontextbezogene Interpretation und Konkretion ökonomischer Handlungsrationalität beispielsweise in Kindertageseinrichtungen zwingt zur inhaltlichen Auseinandersetzung mit den Zielen, Leistungen und Wirkungen der Arbeit. Von hier aus stellt sich dann mit Nachdruck die Frage, wer, bzw. wie die Arbeit und ihre Qualität definiert (wird), so dass auch die Interessen- und Machtstrukturen der beteiligten Akteure berücksichtigt werden müssen.

Wichtigster Grundsatz ist, dass das ökonomische Prinzip nicht die Inhalte der Bildungs- und Sozialarbeit definiert, sondern nur auf die ressourcenschonendste Realisierung vorgegebener Ziele orientiert ist (Finis Siegler 1997, 13). Die Ökonomie soll somit nicht die pädagogische Arbeit und ihre Qualität in den Kindertageseinrichtungen bestimmen, sondern nur zeigen, „...welchen Weg sie einzuschlagen hat, um das, was sie will, so wirtschaftlich wie möglich zu erreichen" (Finis Siegler 1997,14). Zu diesem Zweck muss zunächst festgelegt werden, was die Ziele der Arbeit von Kindertageseinrichtungen sind und was für realisierbar gehalten wird.

Die bisherigen Überlegungen konzentrieren sich primär auf die betriebswirtschaftliche oder ökonomische Mikro-Ebene. Da die in Kindertageseinrichtungen geleistete Bildungs- und Betreuungsarbeit aber auch gesellschaftliche Wirkungen oder – ökonomisch gesprochen – externe Effekte zeitigt, können und müssen diese auch in einer erweiterten ökonomischen Betrachtung Berücksichtigung finden. Denn bei einer Beschränkung auf die betriebswirtschaftliche Dimension werden die externen Effekte von Bildungsprozessen ignoriert.

Deshalb soll hier die volkswirtschaftliche Perspektive als eine zusätzliche ökonomische Perspektive eingebracht werden, die die Effekte von Kindertageseinrichtungen für die gesamte Gesellschaft bzw. Volkswirtschaft in den Blick nimmt.

4. Effekte von Kindertageseinrichtungen

Der Anspruch einer ökonomischen Bewertung von Kindertageseinrichtungen wirft zunächst die Frage nach den durch Kindertageseinrichtungen erzielbaren Effekten auf.

Aus dem Tatbestand, dass Kindertageseinrichtungen in Deutschland im Kinder- und Jugendhilfegesetz geregelt sind, zu einem erheblichen Teil öffentlich finanziert werden und ihnen explizit ein Bildungs-, Erziehungs- und Betreuungsauftrag zugewiesen ist, kann man implizit schließen, dass von Kindertageseinrichtungen Effekte für das Kind, die Eltern und die Gesellschaft erwartet werden und somit auch von öffentlichem Interesse sind. Gleichwohl ist die empirische Überprüfung dieser Effekte von Kindertageseinrichtungen in Deutschland nach wie vor sehr dünn. Internationale Studien zeigen hier auf, welche Fragestellungen für Deutschland noch unbeantwortet sind (The Children of the Cost, Quality, and Outcomes Study come to School 1999).

Einen Teilbereich des volkswirtschaftlichen Ertrags von Kindertageseinrichtungen in West-Deutschland habe ich im Auftrag der Max-Traeger-Stiftung der GEW untersucht. Nachfolgend werden ausgewählte Ergebnisse vorgestellt.

5. Volkswirtschaftlicher Ertrag von Kindertageseinrichtungen in West-Deutschland

Für das Gutachten „Volkswirtschaftlicher Ertrag von Kindertageseinrichtungen" ist zunächst eine Systematisierung der Effekte von Kindertageseinrichtungen entwickelt worden. Dafür schien folgender Aspekt besonders bedeutsam: Verschiedene gesellschaftliche Gruppen wie Kinder, Eltern, Gemeinwesen, Arbeitgeber der Eltern, Träger, Beschäftigte in den Einrichtungen, Steuerzahler etc. erfahren unterschiedliche Effekte mit jeweils unterschiedlichen Eigenschaften. Differenziert wird zwischen drei Effektarten: Nutzen, Ertrag und Wirkungen.

Unter **Nutzen** werden jene Effekte verstanden, die das einzelne Individuum für sich als Effekt der Kindertageseinrichtungen angibt, z. B. der von Eltern formulierte Nutzen.

Unter **Ertrag** werden die monetär messbaren Effekte von Kindertageseinrichtungen erfasst. Dies kann sich zum einen auf den Ertrag beziehen, den das Subjekt durch den Besuch der Einrichtung erfährt. In den USA sind beispielsweise die höheren Lebenseinkommen der Kinder, die qualitativ hochwertige frühkindliche Förderung erfahren haben, untersucht worden (vgl. Weiß 1994).

Unter **Wirkungen** sollen vor allem jene Effekte bei der Persönlichkeitsentwicklung erfasst werden, von denen angenommen wird, dass sie durch die pädagogische Arbeit in den Kindertageseinrichtungen gefördert werden können.

Wirkungen und Ertrag können gegebenenfalls eng miteinander verknüpft sein. So können die Wirkungen auf den Schulerfolg in einer Reduktion der Zahl der Sitzenbleiber festgestellt werden und somit zu einer Reduktion der öffentlichen Ausgaben für Schulen führen.

Wichtig ist die zeitliche Dimension der Effekte. Für die vorgenommene Systematisierung wird angenommen, dass insbesondere für die Effektbereiche Ertrag und Wirkungen kurz-, mittel- und langfristige Zeitperspektiven differenziert werden müssen.

Für den empirischen Teil der Untersuchung der Effekte von Kindertageseinrichtungen stand der volkswirtschaftliche Ertrag von Kindertageseinrichtungen im Vordergrund und zwar gemessen im Rahmen einer Querschnittsanalyse für 1999 und 2001. Zu erwähnen ist außerdem, dass die Messung des Ertrags auf dem Status quo, d. h. den derzeit erbrachten Leistungen, beruht.

Untersuchungsdesign:
Für die Untersuchung wurden auf der *Investitionsseite* die Betriebskosten von Kindertageseinrichtungen betrachtet. Auf der Seite der *volkswirtschaftlichen Erträge* wurden folgende Ertragselemente analysiert: Erträge erzielt durch die Berufstätigkeit der Mütter, die Beschäftigung des Personals in den Kindertagesstätten und die Vermeidung von Arbeitslosigkeit von Alleinerziehenden und den somit gesparten Ausgaben für Hilfen zum Lebensunterhalt. Investitionen und Erträge wurden sodann gegenübergestellt.

Der Ertrag von Kindertageseinrichtungen wurde untersucht unter der Annahme, dass sie die Erwerbstätigkeit der Mütter ermöglichen. Andere Untersuchungen haben gezeigt, dass das Erwerbsverhalten der Männer unabhängig von der Familiensituation ist, während sich die Erwerbstätigkeit der Mütter in Abhängigkeit von der Zahl und dem Alter der Kinder deutlich verändert. Deshalb wird angenommen, dass die Erwerbstätigkeit der Mütter erheblich vom verfügbaren Betreuungsangebot abhängig ist.

Das Gutachten basiert auf der Auswertung einer repräsentativen Teilstichprobe des Sozioökonomischen Panels (SOEP)[1] für Westdeutschland für das Jahr 1999 und zwei Fallstudien in jeweils 10 Einrichtungen in Niedersachsen und Nordrhein-Westfalen im Jahr 2001.

Im Rahmen der beiden Fallstudien konnten insgesamt 300 Eltern (Fragebogenrücklauf 30 %), deren Kind eine Kindertagesstätte besucht, befragt werden. Von zentralem Interesse waren dabei vor allem der persönliche Nutzen, den Eltern dadurch erfahren, dass ihre Kinder eine Kindertageseinrichtung besuchen und zum anderen das zusätzliche Mehreinkommen der Familien durch die Müttererwerbstätigkeit. Zur Ermittlung des individuellen Nutzens wurden die Eltern gefragt, welche Effekte die Schließung der Kindertageseinrichtungen für ihre familiale Situation hätte.

Ausgewählte Ergebnisse der Kosten-Ertrags-Analyse von Kindertageseinrichtungen in Westdeutschland:

- Auf der Basis der repräsentativen Teilstichprobe des SOEP[1] zeigt sich, dass durch eine durchschnittliche Investition von 5.200 Euro für einen Platz in einer Kindertageseinrichtung pro Jahr ein durchschnittlicher Ertrag von 20.000 Euro bewirkt wird. Der volkswirtschaftliche Ertrag für jeden investierten Euro beläuft sich somit auf 3,8 Euro.

- Die Ergebnisse der Kosten-Ertrags-Analysen für die Fallstudien bestätigen diese Relation. Sowohl für Niedersachsen als auch für Nordrhein-Westfalen beläuft sich der Ertrag für jeden investierten Euro auf 4 Euro.

Fazit der Ertragsanalyse:
Die Ergebnisse der Untersuchung zeigen, dass Ausgaben für Kindertageseinrichtungen aus volkswirtschaftlicher Perspektive als lohnende Investitionen verstanden werden müssen, wenn die angebotenen Betreuungszeiten die Erwerbstätigkeit der Mütter ermöglichen. Eine solche Angebotsstruktur von Kindertageseinrichtungen führt zu einer volkswirtschaftlichen Wertschöpfung, da sie nicht nur die verfügbaren Nettoeinkommen der Familien und damit ihr Potential für Konsumausgaben erhöht. Darüber hinaus führt sie auch zu höheren Einnahmen für die öffentlichen Haushalte durch die zusätzliche Einkommenssteuer sowie Beiträge zu den Sozialversicherungen. Auch werden Sozialleistungen, wie Hilfe zum Lebensunterhalt, eingespart.

---

[1] Das Sozioökonomische Panel (SOEP) ist eine repräsentative Wiederholungsbefragung privater Haushalte, die seit 1984 in Westdeutschland und seit 1990 in Ostdeutschland jährlich durchgeführt wird.

6. Impulse für die Finanzierungsdebatte

Auf dem Hintergrund dieser Untersuchung sind mit Blick auf die aktuelle Debatte über Finanzierungsmodelle drei grundlegende Schlussfolgerungen zu ziehen:

1. **Eine Integration der Bildungs- und Qualitätsdebatte in die Entwicklung von Finanzierungskonzepten für Kindertageseinrichtungen wird als dringend erforderlich eingestuft.**

Insbesondere das Berufsfeld ist hier aufgefordert, sich an diesem Diskussionprozess zu beteiligen. Hervorzuheben ist, dass der Mangel eines fachpolitischen Konsenses (WAS?) über Ziele, Inhalte und Prozesse der pädagogischen Arbeit Voraussetzungen für einen Abbau von Standards schafft. Die zu erwartenden Konflikte bei dem Ringen um einen solchen Konsens müssen als gesellschaftliche Herausforderung verstanden werden, sich darüber zu verständigen, wie die Lebensbedingungen von Kindern und Eltern in unserer Gesellschaft gestaltet werden sollen. Perspektiven für praktische Umsetzungen könnten durch das 3-Ebenen-Konzept entwickelt werden.

2. **Die Anwendung ökonomischer Handlungsrationalitäten erfordert die Herstellung lebensweltlicher Bezüge und pädagogisch-fachlicher Ziele von Kindertageseinrichtungen.**

Die kontinuierlich in fast allen Bundesländern erfolgenden Einsparungen im Bereich Kindertageseinrichtungen müssten unmittelbar in Bezug zu den dadurch entstehenden Wirkungen auf die pädagogische Arbeit und die Entwicklung der Kinder und die dadurch induzierten gesamtgesellschaftlichen Effekte gesehen werden. Denn schlechte Entwicklungs- und Förderungsbedingungen für Kinder in den frühkindlichen Lebensphasen können spätere Kompensations- und Interventionsmaßnahmen, z. B. im Jugendalter, erforderlich machen.

Die aktuelle Diskussion zur Ganztagsdebatte verdeutlicht die Problematik beispielhaft. Eine Studie von Tietze (Hrsg. 1998) hat gezeigt, dass nachmittags die Qualität in der Ganztagsbetreuung in Kindertageseinrichtungen tendenziell absinkt. Dennoch wird in der gegenwärtigen Debatte über den Ausbau der Ganztagsbetreuung nicht ernsthaft diskutiert, welche finanziellen Aufwendungen ein Ausbau der Ganztagsbetreuung mit entsprechenden Qualitätsansprüchen zur Folge hätte.

Diese Einschätzung wird auch dadurch bestätigt, dass vorgenommene Berechnungen der Kosten für den Ausbau von Kindertageseinrichtungen immer auf den bestehenden Ausgabestrukturen beruhen.

3. **Die Begrenzung der ökonomischen Betrachtung von Kindertageseinrichtungen auf die betriebswirtschaftliche Perspektive erscheint nicht angemessen, vielmehr ist die Erweiterung um die volkswirtschaftliche Perspektive erforderlich.**

Durch die aktuellen Debatten über die Förderung von Wettbewerb zwischen Kindertageseinrichtungen wird die Ebene der Einrichtung – bzw. ökonomisch ausgedrückt: die betriebswirtschaftliche Perspektive – in den Vordergrund gerückt. Zwar hat die Betrachtung der Wirtschaftlichkeit der Einrichtung, verstanden als wirtschaftliche Erbringung zuvor definierter Ziele und Leistungen, nicht zuletzt für die Legitimation der Verwendung öffentlicher Gelder, einen nicht unbedeutenden Stellenwert. Aufgrund des Bildungscharakters der Prozesse in Kindertageseinrichtungen müssen jedoch die angenommenen Wirkungen in den lebensweltlichen Bezug, der über die Einrichtung hinaus geht, gestellt werden.

Wenn man z. B. annimmt, dass durch qualitativ hochwertige frühkindliche Bildungsangebote die Zahl der Sitzenbleiber in der Schule reduziert werden kann, dann wird die Wirtschaftlichkeit der Bildungsangebote der Kindertageseinrichtungen möglicherweise erst in Relation zu den lebensweltlichen Bezügen (hier: Schule) von Kindern und Familien transparent. Dadurch würde deutlich, was betriebswirtschaftlich unrentabel ist, kann sich volkswirtschaftlich als eine lohnende Investition erweisen.

Auf dem Hintergrund des Bildungsanspruchs an Kindertageseinrichtungen schätze ich die derzeitige Debatte über das „richtige" oder „beste" Steuerungsinstrument für die Finanzierung von Kindertageseinrichtungen aufgrund ihrer partiellen Inhaltsleere als problematisch ein. Ich kann nur dazu ermuntern, sich aus der fachlich-inhaltlichen Perspektive in die Finanzierungsdiskussion einzumischen.

Literatur

Bock-Famulla, Kathrin/Irskens, Beate (2002): Neue Finanzierungsmodelle für Kitas: Bedarfsgerecht, flexibel und qualitätsbewusst? In: Nachrichtendienst des Deutschen Vereins. Frankfurt/Main. Heft 7/8. 2002

Bock, Kathrin/Timmermann, Dieter (2000): Wie teuer sind unsere Kindergärten? Eine Untersuchung zu Kosten, Ausstattung und Finanzierung von Kindertageseinrichtungen. Neuwied & Berlin: Luchterhand

Budäus, D. (1996): Wirtschaftlichkeit. In: Leistungstiefe im öffentlichen Sektor: Erfahrungen, Konzepte, Methoden. Frieder Naschold. Berlin: Ed. Sigma. S. 81-99

The Children of the Cost, Quality, and Outcomes Study come to School (1999): Technical Report. Frank Porter Graham Child Development Center. Chapel Hill.

Elfter Kinder- und Jugendbericht (2002): Bericht über die Lebenssituation junger Menschen und die Leistungen der Kinder- und Jugendhilfe in Deutschland (Bericht der Sachverständigenkommission). Bonn: Bundesministerium für Familie, Senioren, Frauen und Jugend.

Ferber, Sigrun (2001): Die Einführung der KitaCard in Hamburg. Vortrag auf der Fachtagung: „Neue Finanzierungsmodelle für Kindertageseinrichtungen: Flexibel und marktgerecht" in Frankfurt/Main am 16.-18.05.2001.

Finis Siegler, Beate (1997): Ökonomik sozialer Arbeit. Freiburg im Breisgau.

Halfar, Bernd (1999): Geld und das System Sozialer Arbeit, in: Finanzierung sozialer Dienste und Einrichtungen. B. Halfar (Hrsg.). Baden-Baden. S. 21-41

Heck, Anne (2002): Frühkindliche Bildungsprozesse. Erkenntnisse für die sozialpädagogische Arbeit in Kindertageseinrichtungen. In: Beiträge zu Theorie und Praxis von Bildung in Kindertagesstätten. Vorträge, Arbeitsgruppenberichte, Hintergrundmaterial des 5. Jugendhilfekongresses der GEW 2001. Gewerkschaft Erziehung und Wissenschaft Hauptvorstand. Frankfurt/Main. S. 49-61.

Hegelheimer, Armin (1981): Auch in Bildung und Wissenschaft mehr Wirtschaftlichkeit durch Marktmodelle? In: Letzeler, F.; Reinermann, H. (Hrsg.): Wissenschaft, Forschung und Rechnungshöfe. Schriftenreihe der Hochschule Speyer, Band 85. Berlin.

Hoffmann, H. (2000): Ist doch alles eins! Zur Qualitätsdebatte in Kindertagesstätten. Expertise im Auftrag der Gewerkschaft Erziehung und Wissenschaft. Saarbrücken

Kinder- und Jugendhilfegesetz (KJHG): Gesetz zur Neuordnung des Kinder- und Jugendhilfegesetzes. Artikel 1: Sozialgesetzbuch (SGB). Achtes Buch (VIII): Kinder- und Jugendhilfe

Levin, Henry M. (2000): Recent Developments in the Economics of Education: Educational Vouchers. In: Bildungsökonomie und Neue Steuerung. Manfred Weiß/Horst Weishaupt. Frankfurt/Main u. a. S. 97-114.

Röthlingshöfer, Alexandra (2002): Erprobung einer neuen kind- und nutzungszeitbezogenen Förderung in Bayern – Erfahrungsbericht aus der Modellregion Bayern. Vortrag auf der Fachtagung: „Neue Finanzierungsmodelle für Kindertageseinrichtungen. Von der Pauschalierung zu Leistungsverträgen" in Frankfurt/Main am 26.-28.08.2002.

Tietze, Wolfgang (Hrsg. 1998): Wie gut sind unsere Kindergärten? Eine Untersuchung zur pädagogischen Qualität in deutschen Kindergärten. Neuwied & Berlin: Luchterhand

Ulrich, Peter (1995) (3. rev. Auflage): Transformation der ökonomischen Vernunft. Forschrittsperspektiven der modernen Industriegesellschaft. Bern, Stuttgart & Wien.

Die Vorschulerziehung in der Europäischen Union (1995): Studien Nr. 6. Brüssel, Luxemburg.

Weiß, Manfred (1994): Ökonomische Bildungsgesamtrechnungen. Deutsches Institut für Internationale Pädagogische Forschung. Frankfurt am Main.

Reto Gugg

Bildung, Erziehung und Betreuung für alle – am Beispiel eines Finanzierungsmodells in Zürich

Entwicklung des Angebots seit 1990

Die familienergänzende Tagesbetreuung von Kindern im Vorschulalter ist eine Aufgabe, die in Zürich seit über 100 Jahren vorwiegend von privaten gemeinnützigen Trägerschaften wahrgenommen wird. Erst seit 1956 beteiligt sich die Stadt auch an den Kosten. Seit 1991 führt sie eigene Kindertagesstätten – heute erreichen die städtischen Kindertagesstätten einen Anteil von 10 Prozent am gesamten Platzangebot.

1990 existierten in der Stadt Zürich 47 private Kindertagesstätten, lediglich 11 davon erhielten auch städtische Beiträge. Mit den insgesamt 1150 Plätzen stand nur für jedes zehnte Kind bis fünf Jahre ein Betreuungsplatz zur Verfügung. Bis in die 80er Jahre nutzten vor allem Eltern mit bescheidenen Einkommen das Angebot, weil sie aus finanziellen Gründen auf einen Betreuungsplatz angewiesen waren, um einer Erwerbstätigkeit nachgehen zu können.

Mit Verzögerung war anfangs der 90er Jahre die gesellschaftspolitische Diskussion zur Gleichberechtigung von Frau und Mann und zu neuen Familienformen sowie ein verändertes Familienbild auf die Anforderungen an die außerfamiliäre Betreuung spürbar: die Forderung nach Vereinbarkeit von Familie und Beruf fand politisch zunehmend Akzeptanz. Die Nachfrage nach Betreuungsplätzen stieg rasch an, neue Kindertagesstätten in grosser Zahl wurden eröffnet, vor allem von neu gegründeten privaten Trägerschaften. Außerdem waren die politischen Bedingungen für ein zunehmendes öffentliches Engagement in der außerfamiliären Kinderbetreuung durchaus günstig.

Das Ergebnis ist eindrücklich: Seit 1990 hat sich die Zahl der Betreuungsplätze beinahe verdreifacht. In 140 Kindertagesstätten werden über 3000 Plätze angeboten. Damit verfügen 30 Prozent der Kinder im Alter bis zu fünf Jahren über einen Betreuungsplatz.

Die Tatsache, dass die außerfamiliäre Betreuung gesellschaftlich immer breiter akzeptiert wurde und neue soziale Schichten – vor allem gut ausgebildete, besser verdienende – ihre Kinder in Kindertagesstätten betreuen lassen wollten, rückte aber auch die Frage nach der Betreuungsqualität verstärkt ins Blickfeld. Bis 1998 brauchte es für die Führung einer Kindertagesstätte in Zürich keine Bewilligung, es gab keine definierten Mindestanforderungen für die räumliche und personelle Ausstattung. Die Sicherstellung der fachlichen Qualität war allein Sache der Trägerschaften.

Die Stadt Zürich versuchte diesen Entwicklungen mit folgenden Maßnahmen zu begegnen:
- Der steigenden Nachfrage wurde mit der Eröffnung von 8 städtischen Kindertagesstätten Rechnung getragen. Ferner wurden 18 Kindertagesstätten neu mit städtischen Beiträgen unterstützt. Die städtischen Ausgaben für Kindertagesstätten erhöhten sich von 1990 bis 1999 von 6,7 auf 17,8 Millionen Franken (etwa 12 Millionen Euro), d. h. um das 2,6-fache.
- Die Beiträge, welche die Eltern zu tragen haben, wurden für alle Formen der außerfamiliären Betreuung 1993 vereinheitlicht. Sie richten sich nach der wirtschaftlichen Leistungsfähigkeit.
- Mit einem Maßnahmenplan für den Frühbereich unterstützte die Stadt die privaten Trägerschaften bei der Entwicklung und der Sicherung der Betreuungsqualität wie z. B. bei der Definition von Qualitätsstandards und der Entwicklung eines Evaluationsinstruments. Weiter wurde eine Kontaktstelle eingerichtet, die private Trägerschaften bei der Eröffnung von neuen Kindertagesstätten berät und unterstützt, so z. B. bei der Suche nach geeigneten Räumen, bei der Erarbeitung von Konzepten oder beim Erstellen des Budgets.

Der positive Einfluss der städtischen Frühbereichspolitik auf das quantitative und qualitative Angebot in den 90ern ist in Zürich unbestritten. Trotzdem war klar, dass die verschiedenen Finanzierungsformen – städtische Krippen und eine beschränkte Zahl privater Kindertagesstätten mit Beiträgen der Stadt auf der einen Seite und eine wachsende Zahl von neu gegründeten privaten Kindertagesstätten, die sich allein mit Elternbeiträgen finanzierten, auf der anderen Seite – so auf die Dauer nicht zu vertreten war. Unerwünschte Auswirkungen, wie eine auf die finanziellen Möglichkeiten abgestimmte unterschiedliche Betreuungsqualität und eine zunehmende soziale Entmischung in einzelnen Kindertagesstätten, wurden sichtbar.

Ein zusätzliches Hindernis bildete der Umstand, dass für die Gewährung von städtischen Beiträgen jeweils für jede Kindertagesstätte ein Antrag ans städtische Parlament zu stellen war. Auf diesem Hintergrund entschied sich die Stadtregierung, künftig nicht mehr Beiträge an Institutionen auszurichten, sondern in Abhängigkeit von der wirtschaftlichen Situation der Erziehungsberechtigten Beiträge an die einzelnen Betreuungsverhältnisse zu leisten. Mit anderen Worten sollte damit der Wechsel von der Objekt- zur Subjektfinanzierung vorgenommen werden.

Ein dreijähriger Pilotversuch mit einem neuen Finanzierungsmodell übertraf alle Erwartungen: die Zahl der angebotenen Betreuungsplätze erhöhte sich rasant und die dafür vorgesehenen Kredite mussten laufend erhöht werden. Für die definitive Einführung galt es zwei Hindernisse zu überwinden. Es war dafür die Zustimmung des Parlaments erforderlich und die bisher subventionierten Kindertagesstätten mussten für den Systemwechsel gewonnen werden.

Mit einer Untersuchung über den volkswirtschaftlichen Nutzen von Kindertagesstätten (BASS-Studie) konnte der Nachweis erbracht werden, dass jeder in Kindertagesstätten investierte Franken dem Gemeinwesen einen deutlich höheren Nutzen zurückbringt: Der Gesamtnutzen beträgt das Vierfache, der rein fiskalische Nutzen liegt immer noch beim 1,7-fachen.

Die BASS-Studie – zum Nachweis des volkswirtschaftlichen Nutzens von Kindertagesstätten

Die dem Auftrag des Sozialdepartements an BASS (Büro für arbeits- und sozialpolitische Studien) zugrunde liegenden Fragen waren folgende:
- Kann das städtische Engagement bei den Kindertagesstätten aus volkswirtschaftlicher Sicht legitimiert werden?
- Mit welchen Parametern kann der volkswirtschaftliche Nutzen des Kindertagesstättenangebots quantifiziert werden?
- Welche schwierig zu quantifizierenden Parameter müssen aus volkswirtschaftlicher Sicht genannt werden, um den volkswirtschaftlichen Nutzen umfassend zu ermitteln?

Als Methode für die Untersuchung wurde die Kosten-Nutzenanalyse gewählt, in der die für die Stadt anfallenden Kosten dem entsprechenden Nutzen gegenübergestellt werden. Folgende Nutzenwirkungen wurden untersucht:

- Nutzen durch die Steuerwirkung der Beschäftigten in Kindertagesstätten: Die Studie kommt auf zusätzliche Steuereinnahmen in der Höhe von 6 Millionen Franken, von welchem aber je nach Wohnort der Beschäftigten nicht nur die Steuerzahlerinnen und Steuerzahler der Stadt Zürich profitieren.
- Nutzen durch Mehrbeschäftigung von Eltern mit Kindern in Kindertagesstätten: Aufgrund von Vergleichen kommt die Studie zum Schluss, dass die wöchentliche Erwerbszeit von Haushalten, welche Kinderbetreuung in Anspruch nehmen, gegenüber den übrigen Haushalten um 7 bis 17 Stunden höher liegt. Damit wird ein unmittelbares Mehreinkommen von 44 Millionen Franken erzielt. Daraus resultieren zusätzliche Steuereinnahmen in der Höhe von 7,4 Millionen Franken. Weiter profitieren die Steuerzahlenden von der besseren beruflichen Integration der Eltern, indem potentielle öffentliche Ausgaben für Sozialhilfe und Kleinkinderbeiträge entfallen. Weitere Nutzenwirkungen, die nicht quantifiziert werden konnten, ich aber trotzdem erwähnen möchte: die geringere Isolation der Eltern oder die verbesserte Integration von Immigrationsfamilien.
- Nutzen durch Integration und Sozialisation für Kinder: Es ist wissenschaftlich nachgewiesen, dass Kinder, die im Vorschulalter eine Kindertagesstätte besucht haben, oft einen leichteren Übertritt in die Schule haben, bessere schulische Leistungen zeigen und tendenziell besser sozial integriert sind. Qualitativ ansprechende Kindertagesstätten können einen wichtigen Beitrag zur Entwicklung von Kindern leisten, dies gilt insbesondere für Kinder, die alleine aufwachsen oder für Kinder aus kürzlich eingewanderten Familien.
- Nutzen durch Vermeidung resp. Verkürzung der Absenz vom Arbeitsmarkt: Neben dem bereits erwähnten unmittelbaren Nutzen auf das Erwerbseinkommen gibt es auch noch einen mittelbaren Nutzen, indem mit außerhäuslicher Betreuung der Ausstieg aus der Erwerbsarbeit vermieden wird. Es lässt sich nachweisen, dass sich eine erhöhte Erwerbspartizipation positiv auf die künftige Einkommensentwicklung der Eltern auswirkt.
- Nutzen durch erhöhte Standortattraktivität: Das Angebot an qualifizierten Arbeitskräften ist in Zürich im Vergleich zu anderen Städten verhältnismäßig knapp. Firmen profitieren von der Möglichkeit, dass Mitarbeitende ihre Kinder außerhäuslich betreuen lassen, und sie die Qualifikationen und das firmenspezifische Wissen ihrer Mitarbeitenden weiterhin nutzen können.

Eine Befragung der Bevölkerung zeigt, dass familienergänzende Einrichtungen zu den wichtigsten öffentlichen Angeboten gehören. Daraus lässt sich schließen, dass mit einem weiteren Ausbau des Angebots an Kindertagesstätten die Lebensqualität insbesondere für Familien verbessert wird.

Ich habe mich auf die wichtigsten Faktoren beschränkt, die Liste ließe sich noch verlängern. Die Studie kommt zum Ergebnis, dass den Kosten von 39 Millionen Franken ein quantifizierbarer Nutzen von insgesamt zwischen 137 bis 158 Millionen Franken gegenüber steht. Das bedeutet aus volkswirtschaftlicher Sicht, dass für jeden Franken an öffentlichen Mitteln, der in eine Kindertagesstätte investiert wird, wieder rund vier Franken an die Gesellschaft zurück fließen.

Die Publikation der Studie hat über Zürich hinaus ein breites Echo ausgelöst und damit einen gewichtigen Beitrag zur Legitimierung von zusätzlichen kommunalen Mitteln für den Ausbau der Kindertagesstätten geleistet.

Das Zürcher Finanzierungsmodell

Das Finanzierungsmodell wurde in einer dreijährigen Versuchsphase erprobt und schließlich mit geringfügigen Anpassungen auf Anfang 2002 für alle Beiträge der Stadt an private Trägerschaften von Kindertagesstätten eingeführt. Für die städtischen Kindertagesstätten, die etwa 10 % der Betreuungsplätze anbieten, gelten vergleichbare Rahmenbedingungen, ihre Finanzierung erfolgt aber entsprechend den Bestimmungen des Haushaltsrechts über die laufende Rechnung der Stadt.

Ziele und Grundsätze des neuen Finanzierungsmodells

Die sozialpolitische Ausrichtung von Unterstützungsleistungen an Eltern mit Kindern im Vorschulalter verfolgt das Ziel, die berufliche Integration der Eltern und die soziale Integration der Kinder zu fördern. Zu diesem Zweck muss das neue Finanzierungsmodell die zur Verfügung stehenden Mittel optimal steuern können. Das neue Modell soll sozial gerecht, transparent und nachvollziehbar sein, die Leistungen der Kindertagesstätten berücksichtigen und für die Trägerschaften Anreiz bieten, ihr Angebot bedarfsgerecht auszugestalten und weiter zu entwickeln.

Das neue Finanzierungsmodell soll folgenden konkreten Anforderungen genügen:

- Einheitlichkeit: Alle privaten Kindertagesstätten werden nach den gleichen Kriterien subventioniert.
- Leistungsorientierung: Die Einrichtungen werden auf der Basis der erbrachten Leistung finanziert und dazu angehalten, das bestehende Betreuungsplatzangebot optimal zu nutzen.
- Eigenleistungen und Wirtschaftlichkeit: Es müssen Anreize für die Einrichtungen geschaffen werden, Eigenleistungen zu erbringen und den Betrieb wirtschaftlich und effizient zu führen.
- Spezifische Anreize: Es müssen Anreize dafür geschaffen werden, dass auch betreuungsintensive Kinder (Säuglinge, Behinderte und Kinder mit einer sozialen Indikation) in Kindertagesstätten aufgenommen werden.
- Soziale Kostenbeteiligung: Es muss gewährleistet sein, dass sich die Eltern gemäß ihrer wirtschaftlichen Leistungsfähigkeit an den Betreuungskosten beteiligen.

Voraussetzungen für die Ausrichtung von städtischen Beiträgen

Private Kindertagesstätten sollen städtische Beiträge für bereit gestellte Betreuungsplätze erhalten, wenn sie folgende Voraussetzungen erfüllen:
- Eine Kindertagesstätte muss im Besitz einer Betriebsbewilligung gemäß der kantonalen Verordnung über die Bewilligung von Kinder- und Jugendheimen, Kinderkrippen und Kinderhorten sein. Damit ist gewährleistet, dass nur Kindertagesstätten durch die Stadt finanziell unterstützt werden, welche die definierten Qualitätsstandards erfüllen.
- Zwischen der Kindertagesstätte und dem Sozialdepartement wird ein Kontrakt abgeschlossen, der die gegenseitigen Rechte und Pflichten beschreibt und die zu erbringende Leistung sowie die Grundlagen für die Berechnung der Beiträge festlegt. Die Zahl der pro Kindertagesstätte durch die öffentliche Hand mitfinanzierten Betreuungsplätze richtet sich nach dem Bedarf im jeweiligen Schulkreis und den zur Verfügung stehenden Mitteln.
- Die Kindertagesstätten müssen sich verpflichten, für die von der Stadt unterstützten Betreuungsverhältnisse das städtische Elternbeitragsreglement anzuwenden und von den anspruchsberechtigten Eltern für die Betreuung höchstens den Beitrag zu erheben, der sich aus der Berechnung des Elternbeitrags gemäß dieses Reglements ergibt.
- Unterstützt werden folgende drei Betreuungsformen: Ganztagesplatzierungen, Halbtagesplatzierung mit und Halbtagesplatzierung ohne Mittagessen.
- Unterstützt werden lediglich Betreuungsverhältnisse von Kindern, deren Eltern den gesetzlichen Wohnsitz in der Stadt Zürich haben.

Ausgestaltung des Finanzierungsmodells

Die Ermittlung der Beiträge an die einzelnen Institutionen wird nach folgenden Grundsätzen vorgenommen:
- Auf der Basis von Normkosten wird ein Beitrag pro Betreuungstag festgelegt, der die Personal-, die Betriebs- und die Raumkosten abdeckt.
- Aufgrund von subventionswirksamen Faktoren wird daraus der individuelle Beitragssatz pro Kindertagesstätte errechnet: Der wichtigste Faktor ist dabei die effektive Öffnungszeit der Kindertagesstätte. Zudem werden strukturelle Unterschiede (räumliche Verhältnisse, Anzahl Gruppen) berücksichtigt, welche einen Einfluss auf die Kosten haben.
- Die maximale Zahl der pro Kindertagesstätte subventionierten Betreuungsplätze richtet sich nach dem Bedarf im jeweiligen Stadtkreis und den zur Verfügung stehenden Mitteln. Er wird jährlich jeweils für das folgende Jahr für jede Kindertagesstätte neu festgelegt.
- Die effektiv geleisteten Betreuungstage der anspruchsberechtigten Betreuungsverhältnisse werden mit dem individuellen Beitragssatz der Kindertagesstätte multipliziert. Daraus ergibt sich der Leistungsbeitrag.
- Vom Leistungsbeitrag werden die für die beitragsberechtigten Betreuungsverhältnisse ermittelten Elternbeiträge abgezogen. Daraus ergibt sich der Subventionsanspruch einer Kindertagesstätte.

Erste Erfahrungen

Die Einführung des neuen Finanzierungsmodells war von politischen Auseinandersetzungen begleitet: Das Prinzip der Subjektfinanzierung und damit die Gleichbehandlung von allen Trägerschaften und der angestrebte Ausbau des Angebots an Kindertagesstätten waren weitgehend unbestritten. Am meisten Diskussionen löste die Frage aus, ob die angestrebte Höhe der Beiträge für eine angemessene Betreuungsqualität und eine geforderte Anpassung der Löhne der Mitarbeitenden ausreiche. Beide Fragen werden nun durch eine begleitende Evaluation untersucht.

Zwei vorläufige Feststellungen können schon heute gemacht werden: Es gibt bisher keine Hinweise, dass das neue Modell einen negativen Einfluss auf die Qualität hat. Und die Löhne der Mitarbeitenden sind im Durchschnitt um 7 % höher als vor der Einführung des neuen Finanzierungsmodells.

Die Zustimmung der Stimmbürgerinnen und Stimmbürger zum neuen Finanzierungsmodell, zum geplanten Ausbau des Betreuungsangebots und

zum deutlich größeren öffentlichen Engagement fiel deutlich aus. Nach neun Monaten zeichnet sich ab, dass der geplante Ausbau des Angebots erreicht werden kann:
- In den ersten sechs Monaten dieses Jahres hat sich die Zahl der Betreuungsplätze um 340, d. h. um 12 % erhöht. Damit gibt es in Zürich bereits mehr als 140 Krippen mit über 3000 Betreuungsplätzen verteilt auf alle Stadtkreise. Durchschnittlich kommt jeden Monat eine neue Krippe dazu.
- Da jeder Betreuungsplatz mehrfach belegt ist, werden rund 4600 Kinder familienergänzend betreut. Damit verfügen 30 % der Vorschulkinder über einen Betreuungsplatz.
- Ein Viertel der Kindertagesstätten hat keinen Kontrakt mit der Stadt und erhält auch keine Beiträge, d.h. dass die Kosten mit den Beiträgen der Eltern gedeckt werden. In den übrigen Kindertagesstätten liegt der durchschnittliche Anteil der von der Stadt mitfinanzierten Betreuungsverhältnisse bei 50 %.
- Die durchschnittliche Beteiligung der Eltern an den Kosten liegt bei 34 %.

Heute mehren sich die inzwischen die Hinweise, dass die Nachfrage nach Betreuungsplätzen nicht mehr im gleichen Ausmaß steigen wird: es gibt wieder freie Krippenplätze. Dabei ist zu berücksichtigen, dass sich die Zunahme der Erwerbslosigkeit, die seit einem Jahr in der Schweiz zu verzeichnen ist, immer auch dämpfend auf die Nachfrage nach Betreuungsangeboten auswirkt.

Im Augenblick stehen für die Trägerschaften zwei Schwierigkeiten im Vordergrund: es fehlt an ausgebildetem Personal und es ist sehr schwierig, geeignete und bezahlbare Räume zu finden, um eine Kindertagesstätte zu eröffnen.

Ausblick auf die weitere Entwicklung

Ich habe Ihnen jetzt über die Entwicklungen im Bereich der vorschulischen außerfamiliären Betreuung berichtet, die uns in Zürich beschäftigt haben. Daneben ist auch ein Ausbau der Betreuung von Kindern im Kindergarten- und im Schulalter im Gang, deckt jedoch bis heute den Bedarf noch unzureichend ab. Außerdem wird in den nächsten Jahren im Kanton Zürich anstelle des Kindergartens die dreijährige Grundstufe eingeführt. Auf diesem Hintergrund hat sich die Stadtregierung für die neue Legislatur 2002 bis 2006 folgende Ziele für den Ausbau der Kinderbetreuung gesetzt:

- Ein ausreichendes, bedarfsgerechtes und flexibles Angebot an vorschulischer, schulischer und außerschulischer Betreuung
- Eine verstärkte Koordination der verschiedenen Angebote
- Eine angemessene finanzielle Beteiligung der Eltern an den Kosten
- Die Erschließung neuer Finanzierungsquellen

Vor allem die bessere Abstimmung der Angebote aufeinander, u. a. auch der Stellenwert der Bildung innerhalb der Betreuung sind Themen, die auf uns zukommen.

Ulla Grob-Menges

Zürcher Finanzierungsmodell: Hintergrund & Bedenken

A   Hintergrundinformation

1.   Bildung & Betreuung im föderalen System

Die Schweiz ist föderalistisch organisiert. Bildung und Soziales fallen in die Verantwortung der 26 Kantone, wenn nicht gar – wie im Frühbereich häufig anzutreffen – in die der Gemeinden. Es gibt keine ordnende Gesetzgebung auf Bundesebene. Es gibt auch keine Bundesfinanzierung. Die Heterogenität der Systeme wird noch verstärkt durch die Mehrsprachigkeit der Schweiz mit ihren vier Landessprachen (Deutsch 63,9 %, Französisch 19,5 %, Italienisch 6,6 % und Rätoromanisch 0,5 %), die zumindest bei den 3 Hochsprachen auch für eine Einbindung in den jeweils dazugehörigen Kulturkreis stehen. Diese kulturellen Hintergründe wirken sich gerade in der Bildung und in der Einstellung zum Kind stark aus.

2.   Bildung & Betreuung: zwei Aufträge, zwei Einrichtungen

Bildung: Der Kindergarten (école enfantine, scuola dell'infanzia) wird als Vorschuleinrichtung verstanden und hat einen Bildungsauftrag (wenn auch keinen „schulischen"). Sein Besuch ist nicht – oder erst auf Grund neuerer Gesetzesänderungen teilweise – obligatorisch. Er bietet keine Betreuung, mit Ausnahme der Tessiner scuola dell'infanzia, einem Tageskindergarten. Das Angebot variiert in punkto Altersgruppe und Dauer nach Kantonen. Es gibt kein einheitliches Curriculum. Viele Kantone orientieren sich an den Empfehlungen des Schweizerischen Kindergärtnerinnen-Verbandes (neu: Teil des Schweizer LehrerInnenverbandes). Was angeboten wird, wird aber von den Kindern vollumfänglich genutzt. Die Angebote werden von den lokalen Schulbehörden ausgerichtet. Jedem Kind der betroffenen Altergruppe steht ein Platz zur Verfügung. Der Besuch des Kindergartens ist kostenlos. Die Ausbildung der Kindergärtnerinnen ist in den meisten Kantonen tertiär, nichtuniversitär (Seminare) und wird jetzt in die neu geschaffenen Pädagogischen Hochschulen integriert. Es bestehen Bestrebungen, anstelle der Kindergärtnerin den Beruf der Basis-Stufen-Lehrerin zu schaffen. Damit einher gehen

Bestrebungen, den Kindergarten an die Schule heranzuführen und eine Basisstufe[1] einzurichten, die die beiden bisherigen Kindergarten- und das erste Schuljahr umfasst.
Auch wenn der KG als nicht obligatorisch, d. h. nicht direkt in das System der allgemeinen Schulbildung integriert ist, so liegt die Verantwortung für ein Kindergartenangebot doch bei den Bildungsbehörden (öffentliche Hand).

Betreuung: Das ist bei der Betreuung nicht so. Auf Bundesebene gibt es zwar eine eidg. Pflegekinderverordnung, die vorsieht, dass Kantone für ein Aufsichts- und Bewilligungsverfahren für die Kinderbetreuung zu sorgen hätten, dies wird aber nur ungenügend umgesetzt. In der Deutschschweiz verfügen nur die Kantone Zürich, Bern, Basel-Stadt und Basel-Land über solche Verfahren und kennen auch eigene Qualitäts-Richtlinien. Allerdings sind mit diesen Verfahren keine finanziellen Verpflichtungen verbunden – das überlässt man den Kommunen – mit Ausnahme von Basel-Stadt. Aber in diesem sogenannten Halb-Kanton mischen sich kantonale und kommunale Aufgaben. Der Rest der Kantone und folglich die meisten Kommunen stellen sich taub. Betreuung ist Aufgabe der Eltern. Subsidiarität hat im Sozialbereich Tradition, folglich sind hier die gemeinnützigen Organisationen eingesprungen. Unser Verband ist Dachverband dieser Träger. Ihn gibt es seit 1907. Er übernimmt gegenüber den Mitgliedern und Dritten Aufgaben, die eigentlich der Gesetzgeber übernehmen müsste.

Der Betreuungsbereich ist sehr heterogen. Dennoch können ein paar zentrale Kennzeichen herausgearbeitet werden.
- Für die Betreuung der Kinder von wenigen Wochen (die Schweiz ist im Begriff eine Mutterschaftsversicherung mit 12 Wochen Urlaub einzuführen) bis und mit Kindergartenalter (je nach lokal vorhandenem Anschlussangebot für Schulkinder auch bis ins Unterstufenalter) stehen diverse Einrichtungen zur Verfügung, die unter dem Begriff Kindertagesstätten zusammengefasst werden sollen, obwohl sie lokal Krippen, Tagesheime, Hort, Chinderhuus genannt werden.
- In der Deutschschweiz werden die Kinder mehrheitlich altersgemischt betreut, auch wenn auf Grund der großen Nachfrage für Babyplätze wieder Säuglingsgruppen eröffnet werden.

---

[1] Nachtrag: Im November wurde im Kanton Zürich ein neues Volksschulgesetz gerade wegen der darin vorgesehenen Basisstufe vom Volk abgelehnt. Der stärkste Widerstand kam aus der Lehrerschaft.

- Die Öffnungszeit liegt bei 11,5 Stunden täglich, 5 Tage die Woche. Evtl. macht der Betrieb 2 Wochen Betriebsferien im Sommer und schließt zwischen Weihnachten und Neujahr.
- Die Richtgrösse für eine Gruppe sind 10 Plätze, d. h. je nach Alterszusammensetzung können zwischen 9 – 12 Kinder anwesend sein. Sie werden von zwei Betreuerinnen betreut, mindestens eine davon ist diplomiert. Die zweite steht meist in der Ausbildung.
- Die Ausbildung zur Kleinkinderzieherin in der Deutschschweiz findet auf Sek II-Niveau als Lehre mit Besuch einer Fachschule statt. Die Weiterbildung zur Kita-Leiterin dauert 2 Jahre. Bei Betrieben ab zwei Kindergruppen wird diese Zusatzausbildung vorausgesetzt.
- Der Aufbau der Betreuung in der französisch sprechenden Schweiz ist stärker nach dem Alter der Kinder und nach der Aufenthaltsdauer der Kinder in der Einrichtung (ganztags oder Teilzeit) strukturiert. Die Kindergruppen sind in der Regel größer. Die Ausbildung zur Kleinkinderzieherin ist tertiär (höhere Fachschule).

Gemeinsam ist allen:
- Das Angebot deckt die Nachfrage nicht.
- Es sind vor allem Säuglinge auf der Warteliste.
- Die Nachfrage nach Teilzeitbetreuung steigt (kaum noch ein Kind kommt 5 Tage die Woche ganztags in die Kita). Da der Akzent auf Betreuung liegt, die meisten Mütter nur Teilzeit arbeiten und die Betreuungskosten hoch sind, werden die Kinder eher für weniger als mehr Tage in der Kita angemeldet.
- Die Trägerschaften sind mehrheitlich privat, gemeinnützig. Sie sind meist klein (1 Kita = 1 Träger).
- Die öffentliche Unterstützung ist unterschiedlich. Nur gut ein Drittel unserer Mitglieder erhalten Subventionen.
- Die Einrichtungen, die in den letzten Jahren entstanden sind, sind klein (1 – 2 Kindergruppen).
- Es gibt kein einheitliches Aufsichts- und Bewilligungsverfahren seitens der Behörden. In der Mehrheit der Deutschschweizer Kantone gibt es gar kein Verfahren.
- Es gibt keine einheitlichen Qualitätsrichtlinien.

3. *Zusatzdaten für Zürich*

Die im Zusammenhang mit dem Finanzierungsmodell gemachten Ausführungen müssen durch folgende Angaben ergänzt werden: Das öffentliche Kindergartenangebot richtet sich an die 4- und 5-Jährigen (mit 6 wird man eingeschult). Sie sind zusammen in einer Kindergartengruppe bis max. 24 Kinder mit einer Kindergärtnerin. Da heute Blockunterricht eingeführt ist, handelt es sich um ein Halbtagsangebot (8 – 12 Uhr). 85 % der Kinder besuchen den öffentlichen, die restlichen 15 % einen privaten Kindergarten. Die Stadt hat im vergangenen Jahr (2001) für etwa 5 000 Kinder 36,3 Mio Franken ausgegeben. Man rechnet mit 7 260 Franken pro Kindergartenplatz, wobei das nicht die Vollkosten sind, da dort die Raum-, Unterhalts- und Verwaltungskosten nicht eingerechnet sind.

B   Bemerkungen zur Politik der reinen Angebotsschaffung

4.   Politisch ist das betreute Kind nur ein Anhängsel der berufstätigen Mutter

Das Gute an der Trennung von Bildung & Betreuung ist, dass Vorschulerziehung – einmal als Bildung anerkannt – allen Kindern kostenlos offen steht. Das Recht auf Bildung wird umgesetzt. Das Schlechte an der Trennung ist, dass es kein ähnliches Recht auf Betreuung gibt. Ob die öffentliche Hand sich im Bereich der familienergänzenden Kinderbetreuung engagieren will, ist ein politischer Entscheid, der je nach Standort ganz unterschiedlich ausfallen kann.

In den letzten beiden Jahren hat sich – nicht zuletzt dank der allerdings nur verbalen Unterstützung durch den Schweizerischen Arbeitgeberverband und auf Grund eines bedrohlichen Mangels an qualifizierten Arbeitskräften – die Sicht durchgesetzt, dass es gesellschaftspolitisch (Gleichstellung von Frau und Mann) und vor allem volkswirtschaftlich (Blickwinkel der BASS-Studie) von großem Nutzen sei, wenn das Angebot an Betreuungsplätzen ausgebaut würde. Familienergänzende Kinderbetreuung ist nicht länger ein Problem allerlei Randständiger, sondern trifft „normale" Familien, gerade auch Eltern in Kaderfunktionen. Die Richtung ist damit klar: Kinder sind als Störfaktor oder Hemmschuh der gesellschaftlichen und ökonomischen Entwicklung geortet. Den Eltern müssen Angebote zur Verfügung stehen. Dass ist primär mal ein Problem der Quantität. Was Kinder benötigen, steht da nur bedingt oder eigentlich noch gar nicht zur Debatte. In diese Richtung geht auch das jetzt frisch beschlossene Bundesgesetz für eine Anstossfinanzierung zur Schaffung von Betreuungsplätzen: Vorerst während 4 Jahren (Gesamtlaufdauer aber 8 Jahre) sollen jährlich 50 Mio. SFR dazu zur Verfügung stehen. Neuen Kitas sollen 2 – 3 Jahre lang die Betriebskosten bis zu einem Drittel bezuschusst werden.

5. *Der Enkel hat ein Recht auf eine gleich gute Betreuungsqualität wie seine Oma*

Wer käme heute auf die Idee, eine Familie, die einen Angehörigen ins Spital bringen will oder sich um einen Platz im Pflegeheim bemüht, mit der Bemerkung abzufertigen: Das haben die Familien früher auch unter sich gelöst, das ist Privatsache und wenn Sie trotzdem Dienste Dritter beanspruchen wollen, dann müssen Sie diese selbst bezahlen. Kommt noch hinzu, dass wir, was das Gesundheitswesen und die Altersversorgung betrifft, es heute für selbstverständlich erachten, dass da eine gewisse Wahlfreiheit besteht. Dass jeder die Lösung suchen kann, die ihm gerecht wird: Altenwohnung statt Altersheim, Hauspflege, Essen auf Rädern statt Pflegeheim.

Auf dem Niveau des Selberzahlens sind wir aber noch bei der Kinderbetreuung. Zwar ist es inzwischen legitim nach Betreuung zu fragen, aber die Kosten dafür will die Allgemeinheit nicht übernehmen. Es wird mit spitzem Stift gerechnet und jeder Rechnungsposten fast öffentlich verhandelt. Da in der Schweiz alles Geld, dessen Ausgabe nicht per Gesetz geregelt ist, Gefahr läuft, auf Rappen und Franken vor das Volk zu müssen, gestalten sich Finanzierungsverhandlungen als schwierig. So wurde bereits bei der genannten Anstoßfinanzierung auf Bundesebene die Höhe der Zuschüsse auf max. 5 000 Sfr plafoniert, obwohl die Erfahrungswerte für die jährlichen Vollkosten pro Platz, dort wo die Betreuung gebraucht wird, in den Städten weit über 20 000 Sfr liegen.

Leistungsverträge haben – weil man da offensichtlich besser nachweisen kann, dass man für gutes Geld auch entsprechende Leistungen bekommt – Pauschalsubventionen zunehmend abgelöst. Mit Leistungen kauft man – wie der Name ja sagt – vorgeschriebene Leistungen ein. Im Falle von Zürich heißt es, sei die Qualität der Betreuung durch das Bewilligungsverfahren gewährleistet. Wir haben da unser Bedenken: Die Richtlinien, die Basis der Bewilligung, sind Mindeststandards. Sie sollen Nicht-Qualität verhindern. Sie sind nach „oben offen" gedacht. Wenn nun aber diese Mindeststandards mit einem Preisschild versehen werden, werden Mindeststandards zur Norm. Qualität muss gepflegt und gefördert werden, damit sie sich entwickeln kann. Dafür gibt es aber kein Geld. Das ist einer der grundsätzlichen Vorbehalte, die wir gegen die Stadtzürcher Betreuungspolitik haben.

6. Mehr von was? Der reine Platzausbau erschwert Innovationen

Abgesehen von der Problematik Mindeststandard = Normqualität, gibt es noch einen weiteren wichtigen Einwand:
Die Politik des reinen Angebotsausbaus durch Platzkauf von Dritten unter der neoliberalen Fahne der „Privatinitiative" heißt auch Abschieben der Verantwortung auf Private – im Zürcher Fall auf Einzelpersonen und Laien, nicht professionelle Träger – und der Verzicht auf eine überprüfbare Betreuungspolitik. Denn mit dieser Politik kann nur mehr vom Gleichen geschaffen werden. Die neu auf den Markt kommenden Anbieter orientieren sich am Bestehenden. Um anderes entwickeln zu können, fehlen ihnen die fachlichen Voraussetzungen und eine von der Politik zu leistende Gesamtsicht. Es zeichnet sich bereits ab, dass die Politik der reinen Angebotsschaffung bereits nach 2 Jahren an ihre Grenzen stößt. So lange die Nachfrage riesig war, konnten Kitas nach Wild West-Manier aus dem Boden schießen. Sie füllten sich im Nu und „rentierten".

Die Politiker hatten ihr Ziel erreicht: Mehr Plätze sollten es sein, mehr Plätze wurden geschaffen. Jetzt bricht die Nachfrage[2] nach Plätzen für Kinder über 18 Monate zusammen. Übrig bleiben die Kleinsten, für deren gute Betreuung bis jetzt keine Antworten vorliegen. Antworten, die teurer sind als im Finanzierungsmodell vorgesehen, das sich ja ebenfalls an den bestehenden Betreuungsformen orientiert. So stellen sich plötzlich wieder all jene Fragen und Probleme ein, die man sich mit einer auf die Quantität orientierten Politik ersparen wollte. Ob Antworten und Lösung jetzt unter den neuen Gegebenheiten (u. a. wegen der Zersplitterung der Trägerlandschaft und der Angebote) einfacher sind, darf bezweifelt werden. Das Fehlen eines Betreuungsgesamtkonzepts für eine gewünschte Entwicklung macht sich immer wieder bemerkbar. Dies bedeutet aber Engagement, Übernahme der Planungsverantwortung und das Zugeständnis, dass die familienexterne Kinderbetreuung doch Führungsaufgabe einer Stadtregierung ist. Der Versuch, dieses Ziel indirekt über die Vergabe und das Controlling der Leistungsverträge zu erreichen, muss fehlschlagen. Hier werden bestenfalls die Buchhalter kreativ, und davon kann nur abgeraten werden.

---

[2] Von jeder altersgemischten Kindergruppe profitieren etwa 10 – 11 Kinder über 18 Monate gegenüber 3 – 4 Kindern in Säuglingsalter. Daraus ergibt sich, dass bei einem massiven Ausbau nach dem altersgemischten Modell die älteren Kinder rasch ihren Platz gefunden haben und nur noch die Kleinsten auf der Warteliste bleiben, zumal entstehende Lücken sich durch „Neuankömmlinge" rasch schließen.

2. Teil

Fachreferate
„Realisierung des Bildungs-, Betreuungs- und Erziehungsauftrages in der Kinder- und Jugendhilfe"

Thomas Rauschenbach

Bildung, Betreuung und Erziehung – aus empirischer Perspektive[1]

Das Thema, oder besser: die drei Begriffe meines Themas „Bildung – Betreuung – Erziehung" lassen sich nicht in gleicher Weise empirisch ausdeuten und ausbuchstabieren. Wir pendeln gegenwärtig in der Debatte um die Zukunft der Kindertageseinrichtungen zwischen einer *Versorgungsdebatte* mit den Kernthemen „Ganztagesplätze" und „Ausbau des Angebots im Krippenalter" einerseits sowie einer *Bildungsdebatte* mit völlig neuen Erwartungen an eine moderne Bildungsinstanz „Kindertageseinrichtung". Das Wissen um die jeweiligen empirischen Details ist aber ausgesprochen ungleich verteilt. Deshalb werde ich nachfolgend nicht in allen Teilen eine vergleichbare empirische Analyse zugrundelegen.

Nimmt man die Zahl und Dynamik von Tagungen, Publikationen und fachlichen Stellungnahmen als Indikator für die Konjunktur und Brisanz einer Thematik, dann sind Kindertageseinrichtungen zweifelsohne zu einem gefragten Gesprächsthema geworden. Ich kann mich nicht erinnern, dass jemals zuvor so viele Politikerinnen und Politiker, so viele Wirtschaftsfachleute, so viele Journalistinnen und Journalisten sich öffentlich so häufig zu Fragen des Aufwachsens in der Zeit *vor der Schule* zu Wort gemeldet haben wie im letzten Jahr.

Ich will nachfolgend einige dieser thematischen Linien nachzeichnen, zunächst die Frage der Bildung in den Mittelpunkt stellen, danach die Frage der Betreuung und Versorgung, anschließend die Frage der Qualifikation und schließlich das Thema Demographie und die Zukunft der Kinderbetreuung.

---

[1] Vortrag im Rahmen der AGJ-Fachtagung „Kindertagesstätten zahlen sich aus" am 23.10.02 im Rathaus Schöneberg in Berlin. Die Form des Vortrags wurde für die Veröffentlichung beibehalten.

Dabei werde ich, wie gesagt, nicht durchgängig auf ein empirisches solides Fundament verweisen können. Dies hängt damit zusammen, dass der Bereich der Pädagogik der frühen Kindheit in der Vergangenheit in weiten Teilen eher konzeptionell und normativ erörtert worden ist und die Frage des empirischen Wissens lange Zeit keine sonderlich große Rolle gespielt hat, dass es aber zugleich auch ausgesprochen schwierig ist, diese frühkindlichen Prozesse empirisch zu erforschen.

I. Bildung

Auslöser für diesen aktuellen Aufschwung war ganz unübersehbar der PISA-Schock. Deutschland, das Land der Dichter und Denker, die erfolgsverwöhnte Nation, die irgendwie ganz selbstverständlich davon ausging, dass das Label „Made in Germany" auch im Falle des deutschen Bildungssystems ein Erfolgsgarant für individuelle Leistung sei und damit zwangsläufig zu einem Exportschlager würde, hatte erstmalig in einer anspruchsvoll konstruierten und aufwendig durchgeführten internationalen Vergleichsstudie bescheinigt bekommen, dass die Leistungsfähigkeit der getesteten Schülerinnen und Schüler an deutschen Schulen alles in allem nicht einmal Mittelmaß ist. Das war schon ein herber Schlag – und die Aussichten auf eine naturwüchsige Verbesserung der Lage waren minimal (denn es gibt in diesem Fall nicht, wie etwa im Sport, die Entschuldigung einer langen Verletztenliste, die sich alsbald wieder bessert).

Obgleich es sich bei der PISA-Studie um die ambitionierteste und berühmteste international vergleichende Bildungsstudie handelt, die jemals durchgeführt wurde, eröffnet sie für die Pädagogik der frühen Kindheit nur indirekt Perspektiven, da diese frühe Altersphase kein dezidierter Gegenstand der Studie war und diese auch sonst mit Blick auf Fragen der Bildung bislang ausgesprochen wenig empirisch erforscht ist (ich meine damit nicht die entwicklungspsychologische Seite, sondern vorrangig die Seite der institutionenorientierten Bildungsforschung).

Ich nähere mich der Bildungsfrage also über den Umweg der PISA-Ergebnisse. Die Unruhe über das schlechte Abschneiden der deutschen Jungs und Mädels bei den ersten offenen internationalen Bildungsmeisterschaften auf den unteren Tabellenrängen scheint mir für sich genommen gar nicht so sehr Anlass zu sein, aus pädagogischer und frühpädagogischer Sicht über das Thema nachzudenken. Die Herausforderung für die deutsche Bildungspolitik liegt vielmehr in drei dahinter liegenden zentralen Befunden, die ein

Alarmsignal für anstehende Veränderungen sind; ich befürchte aber, dass die KMK vor lauter unterrichtsbezogenem Leistungsdruck diese Punkte wieder rasch aus dem Blick verlieren wird.

Erstens: Ein wirklich beunruhigendes Ergebnis der deutschen PISA-Ergebnisse ist aus meiner Sicht der Befund, dass in fast keinem anderen der 32 untersuchten Länder die Kluft zwischen den guten und schlechten Leistungen, der Abstand zwischen guten und schlechten Schülerinnen und Schülern so groß ist wie in Deutschland. Nun könnte man lapidar konstatieren, dass Deutschland mit seinem mehrgliedrigen Schulsystem (incl. Sonder- und Förderschulen) das bekommen hat, was es verdient. Wer bildungspolitisch letztlich davon überzeugt ist, dass ein stark gestuftes Schulsystem den Leistungsunterschieden der Schülerinnen und Schüler besser gerecht wird als eine möglichst breite gemeinsame Förderung (wie dies etwa im Siegerland der Finnen der Fall ist), der darf sich am Ende nicht wundern, wenn ihm dann qua Leistungsvergleich auch bescheinigt wird, dass er dieses Klassenziel tatsächlich erreicht hat (indem er eben nicht „ausgleicht").

Aber dennoch kann dieses Ergebnis niemand wirklich zufrieden stellen, nur will offenbar keiner eine neue Schulstrukturdebatte. Deshalb wird ersatzweise erstmals die Zeit *vor der Schule* in den Blick genommen. Mit anderen Worten: Es werden die 10 Schuljahre zwischen der Einschulung und dem Alter der befragten Schülerinnen und Schüler einfach ausgeblendet bzw. es wird in geradezu frappierender Weise so getan, als würde sich in dieser Zeit nichts mehr Gravierendes verändern. Stattdessen geht man ohne weitere empirische Begründung davon aus, dass sich die Lage und die Leistung der 15-Jährigen in Deutschland nur dadurch entscheidend verbessern lässt, dass man diese entweder früher einschult oder aber die „Kindertageseinrichtungen" schulischer macht.

Abgesehen davon, dass derartige Annahmen durch die Empirie der PISA-Studie nicht im geringsten belegt sind – so schulen einige Spitzenländer im PISA-Ranking ihre Kinder ebenfalls nicht früher als Deutschland ein –, müssen wir uns vor allem mit dem beschämenden Befund auseinandersetzen, dass es dem deutschen Schulsystem offenbar nicht gelingt, die Leistungsunterschiede zwischen den Kindern gering zu halten oder aber zu minimieren. Ob und wenn ja, in welcher Weise in dieser Hinsicht die Kindertageseinrichtungen eine positive Wirkung nach sich ziehen, sei es präventiv durch den Kindergarten oder sei es begleitend durch den Hort, ist eine empirisch ungeklärte Frage, die einer dringenden Beantwortung bedarf.

Zweitens: Zutiefst irritierend an diesem an sich schon beunruhigenden Befund der großen Leistungsunterschiede zwischen den guten und den schlechten Schülerinnen und Schülern ist der Umstand, dass diese Leistungsergebnisse nun aber keineswegs haargenau zu den einzelnen Schulformen des gegliederten Schulsystems passen, sprich: dass die Schülerinnen und Schüler der Gymnasien eben keine signifikant besseren Ergebnisse bei dem Leistungstest erzielt haben als ihre Mitschüler aus den Haupt- oder Realschulen. Stattdessen konnten die PISA-Forscher zeigen – und hierin liegt der eigentliche bildungspolitische Skandal –, dass diese Leistungsunterschiede so stark von der sozialen Herkunft abhängen wie in keinem anderen Untersuchungsland. Das heißt: Die soziale Herkunft, die sozialen Disparitäten erklären die Leistungsunterschiede im Endeffekt weit mehr als die jeweilige Schulform.

Dies lässt einen natürlich nach dem bildungspolitischen Sinn der Schulformdifferenzierung fragen, wenn sich hierbei eher herkunftsbedingte Ungleichheiten anstelle von in der Schule erworbenen, unterschiedlichen Leistungskompetenzen durchsetzen. Zugleich belegt dieses Ergebnis aber auch, dass der Bildungserfolg der Heranwachsenden in Deutschland offenbar weit mehr von außerunterrichtlichen und vorschulischen Faktoren abhängig ist als von Schule und Unterricht selbst. Mit einem Schlag wird damit die Komponente der sozialen Herkunft und der sozialen Milieus wieder verstärkt ins Blickfeld der Bildungspolitik gerückt (eine Kategorie, die in den letzten Jahren etwas aus dem Blick geraten ist).

Familie, Lebenslage und Herkunft entscheiden demzufolge weit mehr über das Wohl und Wehe des individuellen Bildungserfolgs als die Schule selbst. Und dies heißt im Umkehrschluss, dass es dem deutschen Bildungssystem, dass es der gesamten öffentlichen Erziehung hierzulande – und dazu muss man auch die Kindertageseinrichtungen rechnen – bislang offenbar nicht wirklich überzeugend gelungen ist, diese herkunftsbedingten Ausgangsunterschiede in den Bildungsbiographien der Kinder und Jugendlichen auszugleichen oder zumindest zu minimieren. Hierin liegt eine erhebliche Herausforderung für die Kindertageseinrichtungen, da es bis heute ungeklärt ist, in welchem Ausmaß diese tatsächlich eine kompensatorische Wirkung entfalten können.

Drittens: Schließlich muss als ein dritter, ebenso fataler Befund der PISA-Studie festgehalten werden, dass in Deutschland – mit diesem Ergebnis wiederum in der unrühmlichen Spitzengruppe – knapp ein Viertel der Schülerinnen und Schüler (ca. 23 Prozent beim Lesen, fast 25 Prozent beim Rechnen) nicht oder nur knapp das unterste Leistungsniveau – Kompetenzstufe I – erreicht hat und somit eine *bildungspolitische Risikogruppe* bildet (die Kompetenzstufe I entspricht in etwa dem Niveau am Ende der Grundschule).

Selbst, wenn man in Betracht zieht, dass sich hinter diesem enttäuschenden Ergebnis aus nahe liegenden Gründen in Teilen auch das Problem der Schülerinnen und Schüler mit Migrationshintergrund bzw. mit Sprachproblemen verbirgt, so liegt in diesem Umstand allenfalls die halbe Wahrheit (da andere Länder hiermit augenscheinlich besser klar kommen). Hinzu kommt nämlich – und spätestens hier wird es folgenreich für die gesamte Kinder- und Jugendhilfe –, dass offenkundig eine ganze Reihe von Schülerinnen und Schülern nicht einmal die basalen Voraussetzungen mitbringen, um am normalen Unterricht regulär teilzunehmen. Ich meine damit keineswegs nur die sprachlichen Voraussetzungen, um überhaupt dem Unterrichtsgeschehen folgen zu können. Vielmehr geht es auch um so basale Kompetenzen, wie Zusammenhänge gedanklich und von der eigenen Anschauung abstrahierend erfassen zu können, sich Dinge merken und sich auf eine Sache konzentrieren zu können, sich selbst so weit zu disziplinieren, dass Unterricht für alle überhaupt möglich wird. Und schließlich muss als Bedingung der Möglichkeit erfolgreich verlaufender Bildungsprozesse auf Seiten der Jugendlichen auch die generelle Einsicht und Bereitschaft stehen, geregelt am Unterricht teilzunehmen.

Dieses Themenbündel zielt mithin gar nicht direkt auf die Verbesserung der messbaren Schulleistungen, sondern zuallererst auf die basale Lernbereitschaft bzw. die Kompetenz der Schul- und Unterrichtstauglichkeit der Kinder und Jugendlichen, oder vielleicht richtiger: der Kindertauglichkeit der gegenwärtigen unterrichtsbezogenen Schule. Sobald dieser Zusammenhang nämlich nicht mehr gewährleistet zu sein scheint – und dadurch als Nebeneffekt natürlich indiskutable Leistungen entstehen –, sind die Rufe nach der Kinder- und Jugendhilfe in der Schule unüberhörbar. Und auch in diesem Punkt eröffnen mithin die Tageseinrichtungen für Kinder eine ungemein wichtige Chance zur Vermittlung und Aneignung dieser basalen Kompetenzen auf der Ebene habitueller Handlungsmuster.

Soweit zu den drei PISA-Befunden. Die neu aufgekommene Kindergartendebatte ist aus meiner Sicht in Teilen nur als eine Reaktion auf diese Teilergebnisse angemessen zu verstehen. Allerdings konnten sich die ausgesprochen heterogenen Schlussfolgerungen, die aus PISA gezogen wurden, nur deshalb durchsetzen, weil es an eigenen, gesicherten Befunden aus empirischen Studien speziell zur Phase frühkindlicher Bildungsverläufe mangelt und deshalb ganz unterschiedliche, fast beliebige Konsequenzen aus der Bildungsmisere der 15-Jährigen gezogen werden. Zumindest fünf verschiedene Lösungsangebote lassen sich finden, die in Anbetracht der PISA-Ergebnisse mit Blick auf die Bildungsfrage in der frühen Kindheit derzeit ins Spiel gebracht werden. Ohne allzu sehr ins Detail zu gehen, will ich sie wenigstens kurz benennen:

1. Da wurden als erstes – und dies relativ entschieden und vehement von Seiten der Politik – der *frühere Schuleintritt* sowie spezielle *Sprachförderprogramme für Migrantenkinder* gefordert; ersatzweise wurde der Vorschlag eingebracht, zumindest das letzte Kindergartenjahr als *Pflichtjahr* einzuführen. Ob derartige Vorschläge greifen, sei einmal dahin gestellt; im Falle der Sprachförderung scheinen mir entsprechende Hoffnungen jedenfalls weitaus begründeter zu sein als im Falle der Vorverlegung des Pflichtschulalters.
2. Weitergehender und radikaler sind jene Lösungsvorschläge, die – zugespitzt formuliert – den *Umbau des Kindergartens zu einer Art Schule* fordern, wie dies in vielen anderen Ländern Europas der Fall ist. Ich kann an dieser Stelle leider nicht die damit einhergehenden Nebenwirkungen weiter vertiefen, halte diese Lösung aber aus ganz prinzipiellen pädagogischen Gesichtspunkten für die am wenigsten intelligente.
3. In einer dritten Variante stehen Lösungsmuster im Mittelpunkt, die sich einen Bildungsschub im Kindergarten durch eine verstärkte *Dienstleistungsorientierung*, durch mehr *Markt* und mehr *Wettbewerb* erhoffen, da die damit ausgelöste Dynamik auch zu verbesserten Leistungen bei den Kindern führen dürfte.
4. In eine andere Richtung wiederum zielt die Forderung des *Ausbaus der Frühförderung*, sprich: speziell der Ausbau der Angebote für die unter 3-Jährigen. Damit würde erstmalig in Deutschland dem Umstand Rechnung getragen, dass zum einen Kinder in dieser frühen Phase weit mehr lernen können als ihnen „zufällig" und im Schnitt in Familien als Lernanreiz und Lernkontext geboten wird, und dass zum anderen die neuere Hirnforschung darauf hinweist, dass bei den Kleinstkindern bereits durch die Pädagogik, also durch Art, Intensität und Formgebung von Lernanreizen und Lernzumutungen sehr viel Grund gelegt wird – oder eben auch gerade nicht (was später aber nicht mehr beliebig korrigiert werden kann).
5. Schließlich wird als letzter, alles in allem aber derzeit dominierender Vorschlag der *Ausbau der Ganztagesangebote* als optimaler Lösungsweg ins Spiel gebracht. Auch hier wird mehr unterstellt als belegt, dass dieser Ausbau ebenfalls in Richtung Bildung und nicht nur in punkto Versorgung positive Effekte nach sich zieht. Dies dürfte aus meiner Sicht jedoch nur dann der Fall sein, wenn – abgekürzt geredet – damit nicht nur eine quan-

titative Ausweitung der Betreuungszeit, sondern vor allem eine qualitative Verbesserung der Betreuungs*intensität* einher geht (gerade in dieser Hinsicht muss man aber befürchten, dass die Politik zu mehr Kompromissen bereit ist, als fachlich vertretbar erscheint).

Bilanziert man diese verschiedenen Punkte, dann muss man aus empirischer Sicht konstatieren, dass wir nicht nur über die Frage der *Bildung vor* der Schule, sondern vor allem auch über das *Zusammenspiel* von Bildung, Erziehung *und* Betreuung im Vorschulalter relativ wenig wissen. Zumindest liegen zu diesen verschiedenen Möglichkeiten und Lösungswegen keine systematischen Studien vor, auf deren Basis wir mit einiger Gewissheit sagen können, ob beispielsweise eine frühe öffentliche Förderung zu signifikant besseren Lernerfolgen in kognitiver und sozialer Hinsicht führt, ob längere Betreuungszeiten per se auch zu besseren kompensatorischen Ergebnissen bei Kindern aus benachteiligten Familien führen, ob und welche Konzepte der frühkindlichen Zweitsprachenförderung geeignet wären, die Lage von Migrantenkindern nachhaltig zu verbessern. Wir werden uns mithin beim Thema Bildung vorerst auf einige wenige sporadisch gesicherte, empirische Einsichten, auf qualitative Fallstudien sowie zumeist auf eher alltagsgestützte Plausibilitäten verlassen müssen.

II. Betreuung und Versorgung

Anders sieht die Lage zu den empirischen Befunden aus, wenn wir uns auf das Thema Versorgung und Betreuung konzentrieren. Hier liegen leider nicht immer ganz aktuelle, aber im Vergleich zur Bildung dennoch relativ gesicherte Daten vor; soweit nicht anders erwähnt, beziehen sie sich auf die Lage Ende 1998, Anfang 1999). Ich will sie nur kurz in Erinnerung rufen *(vgl. Tabelle 1)*.

(1) Die *Kindergartenversorgung* ist inzwischen alles in allem bundesweit bewältigt. Dies gilt im Osten wie im Westen. Mit Versorgungsquoten von 87 Prozent bzw. 112 Prozent ist die Lage im Westen so gut wie nie zuvor und im Osten nach einem beispiellosen Abbau von Plätzen und einem ebenso dramatischen Rückgang der Kinderzahlen im Schnitt quantitativ immer noch besser als im Westen. Allerdings muss man dabei auch die Schwankungsbreiten zwischen den Bundesländern im Blick behalten, die im Westen zwischen 65 und 107 Prozent, im Osten zwischen 96 und 129 Prozent liegen und damit schon eine enorme Streuung aufweisen. Teilweise werden diese Effekte noch verstärkt, wenn man in einzelne Regionen oder Stadtteile untergliedert.

nicht zu leistenden Anstrengungen führen wird. Und die große Politik und die Parteien scheinen sich mittlerweile nun doch ernsthaft mit dem Gedanken angefreundet zu haben, dass hier tatsächlich Abhilfe geschaffen werden muss.

Bevor ich aber zu der Frage komme, wie es in Anbetracht dieser Entwicklungen und im Lichte der Demographie weiter geht, will ich noch kurz auf die Frage des Personals und der Qualifikation eingehen.

III. Ausbildung und Qualifikation

Die Debatte um eine quantitative und qualitative Weiterentwicklung der Kindertageseinrichtungen war in den letzten Jahren auch unübersehbar verknüpft mit der Frage nach dem personellen Profil und dem Ausbildungsniveau der dafür benötigten Fachkräfte. Schauen wir uns deshalb die Personalentwicklung im Bereich der Tageseinrichtungen für Kinder an, wie sie sich bis Ende des letzten Jahrhunderts entwickelt hat, dann können wir uns in diesem Zusammenhang auf zwei zentrale Befunde konzentrieren *(vgl. Tabelle 2)*:

- Zum einen können wir festhalten, dass die Kindertageseinrichtungen seit jeher das größte Arbeitsfeld der Kinder- und Jugendhilfe waren und sind, dass also dort das meiste Personal beschäftigt ist. Konkret: Im Westen arbeiteten zuletzt rund 290.000 Personen, eine Größenordnung, die sich immerhin auf der Ebene der größten deutschen Wirtschaftskonzerne bewegt; und im Osten waren es zuletzt noch ca. 83.000 Erwerbstätige, was – gemessen an den ehemals rund 200.000 Beschäftigten am Ende der DDR – einem in der deutschen Arbeitsmarktgeschichte beispiellosen Stellenabbau von 120.000 Stellen in nur knapp 9 Jahren gleichkommt, was aber zugleich – gemessen an den westdeutschen Rahmendaten – immer noch eine etwas günstigere Personalrelation bedeutet.
- Zum anderen zeigt sich jedoch im Vergleich der Personalstruktur zwischen den unterschiedlichen Arbeitsfeldern der Kinder- und Jugendhilfe (HzE, Jugendarbeit, Jugendamt), dass in den Kindertageseinrichtungen der mit Abstand geringste Ausbildungsstandard zu finden ist. Am Beispiel der alten Bundesländer: Diese Differenz wird zwar noch nicht erkennbar im unmittelbaren Vergleich der Fachkraftquoten, gleichwohl muss man sich klar machen, dass Ende 1998 nicht einmal 60 Prozent der tätigen Personen in den Kindertageseinrichtungen wenigstens eine Ausbildung als ErzieherIn hatten; schon das erstaunt, heißt es doch, dass immerhin noch 40 Prozent bestenfalls eine Berufsfachschulausbildung als

Tabelle 2: Personal in der Kinder- und Jugendhilfe nach ausgewählten Arbeitsfeldern und Qualifikationsprofil (31.12.1998, westliche Bundesländer einschl. Berlin West)

	Kinder- und Jugendhilfe insgesamt		Tageseinrichtungen für Kinder		(Teil-)stationäre Hilfen zur Erziehung		Jugendarbeit		kommunale Jugendämter	
	Abs.	in %	Abs.	in %[1]	Abs.	in %	Abs.	in %	Abs.	in %
			Westliche Bundesländer							
Personal insgesamt	446.166	100	290.212	65,0	50.820	11,4	26.538	5,9	26.422	5,9
In Vollzeitfällen	355.276	100	234.715	66,1	42.144	11,9	17.752	5,0	22.439	6,3
Verberuflichung[2]	368.502	82,6	238.851	82,3	42.730	84,1	19.622	73,9	25.220	95,5
Verfachlichung	250.439	56,1	169.985	58,6	30.981	61	11.899	44,8	13.986	52,9
Akademisierung	73.190	16,4	10.186	3,5	16.063	31,6	9.588	36,1	18.121	68,6
Professionalisierung	54.222	12,2	8.316	2,9	12.577	24,7	7.430	28	13.210	50

[1] Die Prozentwerte bei Personal insgesamt und Vollzeitfälle beziehen sich auf die Jugendhilfe insgesamt (Zeilenprozent). Die Prozentwerte ab Verberuflichung beziehen sich auf die Insgesamtwerte des jeweiligen Arbeitsfeldes (Spaltenprozent).

[2] Verberuflichung: Tätigen Personen, die über eine (wie auch immer geartete) Berufsausbildung verfügen; Verfachlichung: Tätige Personen, die über eine fachlich einschlägige, sozialpädagogische Ausbildung verfügen ohne KinderpflegerInnen; Akademisierung: Tätige Personen die über eine (Fach-)hochschulabschluss verfügen; Professionalisierung: Diplom-SozialpädagogInnen und Diplom-SozialarbeiterInnen der Fachhochschulen sowie die an Universitäten ausgebildeten Diplom-PädagogInnen.

Kinderpflegerin hatten. Zieht man als Vergleichswerte allerdings die sogenannten Akademisierungs- und Professionalisierungsquoten heran (also die Zahl der an Fachhochschulen und Universitäten Ausgebildeten), so zeigt sich eine dramatische Differenz zwischen Kindertageseinrichtungen und den anderen Feldern: So finden wir beispielsweise in den Kindertageseinrichtungen eine *Akademisierungsquote* von gerade mal 3,5 Prozent, während in den Hilfen zur Erziehung der entsprechende Wert bei 32 Prozent, in der Jugendarbeit bei 36 Prozent und in den Jugendämtern sogar bei 69 Prozent liegt; analoges zeigt sich auch, wenn man nur den Anteil der sozialpädagogisch ausgebildeten Akademikerinnen in den Feldern der Kinder- und Jugendhilfe, also den Grad der *Professionalisierung* vergleicht.

Das sind doch deutliche Unterschiede in der Personalstruktur zwischen diesen Feldern, die erkennbar machen, dass es allein schon aus dieser Sicht zu einer prinzipiellen Klärung der Frage kommen muss, was eigentlich dafür spricht, dass ausgerechnet im Kindergarten – und eben auch nur dort – eine so starke Dominanz des Personals aus den Fach- und Berufsfachschulen zu finden ist. Man kann dies zum Teil aus der Geschichte erklären, obgleich dies dann auch für manche andere Felder gelten würde (insbesondere der Heimerziehung); man kann dies aus den Mängeln der Gesetze erklären (KJHG und Landesausführungsgesetze), die es vielen zu leicht machen, auf dem traditionellen Personalgefüge zu beharren; man kann es mit fiskalischen Gründen erklären, weil dieser Bereich ohnehin den größten Anteil am Jugendhilfehaushalt einer Kommune verschlingt (und deshalb in Sachen Reform alle zurückhaltend sind); man kann es aber letztlich auch ideologisch erklären, da dem Feld der frühen Kindheit immer noch das beziehungsintensive, letztlich aber bildungsfreie Moratorium der Kleinkindphase anhaftet.

Erst mit sechs Jahren kann und muss sich innerhalb des Systems Schule mit schnellen Schritten den heranwachsenden Kindern eine eigens ausgebildete Lehrkraft, also eine *Bildungsarbeiterin* zuwenden, während zuvor offenbar eine reine *Beziehungsarbeiterin* gefragt ist (und das eine anspruchsvoller zu sein schein als das andere). Verstärkt wird die Brisanz dieser Trennung zweifellos durch die angemahnten inneren und äußeren Erfordernisse einer Reform und Weiterentwicklung der Kindertageseinrichtungen, wie sie etwa im Anschluss an die PISA-Debatte zu beobachten ist (und hier äußern sich sogar schon die Wirtschaftsverbände entsprechend, indem sie aus Qualitätsgründen die Anhebung der Ausbildungsniveaus für die Fachkräfte im Kindergarten fordern).

Neben dem Ausbau der zur Verfügung stehenden Plätze und neben der Frage nach der Ausgestaltung kindgerechter Bildungsaufgaben im Kindergartenalter scheint mir somit diese Frage nach der Personalstruktur und nach dem angemessenen Qualifikationsprofil der Fachkräfte eine der entscheidenden Fragen in der künftigen Gestaltung der Kindertageseinrichtungen in Deutschland zu sein. Und deshalb muss man in aller Deutlichkeit vor dem Beginn des großen Aus- und Umbaus festhalten: Eine Ausweitung der Plätze und Ganztagesangebote zu Lasten der Personalqualität hätte fatale Folgen, da dies nicht mit den gestiegenen Bildungsansprüchen an eine moderne Kinderbetreuung zu vereinbaren wäre.

IV. Demographie und Prognose

Der Blick in die Zukunft, das wissen die Politikerinnen und Politiker längst, offenbart in Sachen Kindertagesstätten eine bislang ungewohnt günstige Entwicklung. Denn, die Demographie verkündet einen Rückgang der Kinderzahlen und damit auch einen Rückgang des entsprechenden Platzbedarfs.

Was dies heißt, konnte man in den letzten 12 Jahren in den neuen Ländern studieren: ein völlig zusammenbrechender Arbeitsmarkt, Stillstand im Ausbildungssystem und eine massenhafte Schließung von Einrichtungen war die Folge. Heute arbeitet noch rund die Hälfte des Personals in der ostdeutschen Kinder- und Jugendhilfe gegenüber dem Ende der DDR; allerdings steigen inzwischen die Zahlen wieder etwas an, so dass in den nächsten 10 Jahren ein Zuwachs von 20 bis 30 Prozent in den einzelnen Altersgruppen zu erwarten ist.

Wenn auch nicht in den gleichen Größenordnungen, so doch in der gleichen Richtung entwickelt sich die Demographie in den alten Bundesländern *(vgl. Abbildung 1)*. Nimmt man als Ausgangswert das Jahr 2000, so reduzieren sich die Werte in den einzelnen Altersgruppen bis zum Jahre 2015 um 20 bis 25 Prozent. Oder anders ausgedrückt: Allein die Gruppe der 3- bis 6,5-Jährigen wird sich bis 2015 bei einer Ausgangsgröße von knapp 2,5 Mio. Kindern um etwa 600.000 Kinder verringern *(vgl. Abbildung 2)*. Das mag auf den ersten Blick vielleicht nicht so viel sein. Wenn man sich jedoch klar macht, dass bei einem analogen Abbau der Personalstellen infolgedessen rechnerisch mehr als 55.000 Stellen abgebaut werden müssten, dann wird schon deutlich, dass sich dahinter doch ein hochbrisantes Thema verbirgt.

Abbildung 1: Entwicklung der relevanten Altersgruppen für das Arbeitsfeld Kindertageseinrichtungen (2000-2015; Index 2000 = 100; alte Länder)

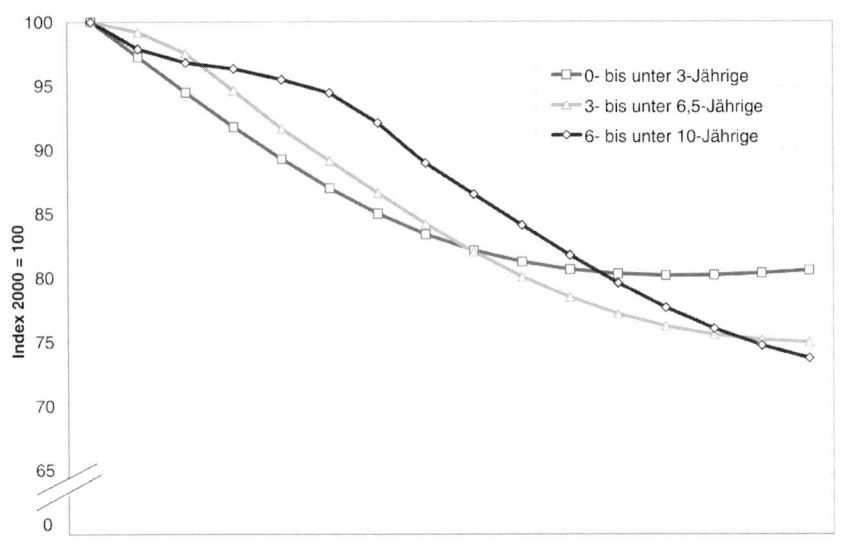

- 0- bis unter 3-Jährige
- 3- bis unter 6,5-Jährige
- 6- bis unter 10-Jährige

Quelle: Statistisches Bundesamt: Bevölkerungsentwicklung Deutschland bis 2050. Ergebnisse der 9. koordinierten Bevölkerungsvorausberechnung, Wiesbaden 2000; Datengrundlage Variante I; eigene Berechnungen

Arbeitsstelle Kinder- und Jugendhilfestatistik

Abbildung 2: Veränderung der Altersgruppe der 3- bis 6,5-Jährigen zwischen 2000 und 2015 (kumulativ, Basis 2000; alte Länder; N 2000 = 2.459.075)

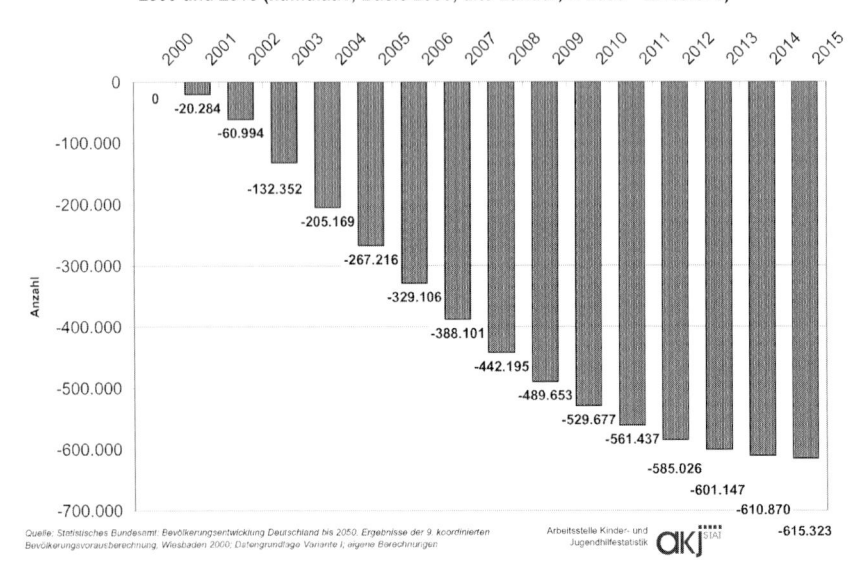

Jahr	Anzahl
2000	0
2001	-20.284
2002	-60.994
2003	-132.352
2004	-205.169
2005	-267.216
2006	-329.106
2007	-388.101
2008	-442.195
2009	-489.653
2010	-529.677
2011	-561.437
2012	-585.026
2013	-601.147
2014	-610.870
2015	-615.323

Quelle: Statistisches Bundesamt: Bevölkerungsentwicklung Deutschland bis 2050. Ergebnisse der 9. koordinierten Bevölkerungsvorausberechnung, Wiesbaden 2000; Datengrundlage Variante I; eigene Berechnungen

Arbeitsstelle Kinder- und Jugendhilfestatistik

Deshalb kommt es in den nächsten Jahren entscheidend darauf an, dass diese rechnerisch frei werdenden Ressourcen in eine Extensivierung und Intensivierung der Kindertageseinrichtungen investiert werden, sprich: in einen bedarfsgerechten Ausbau von Plätzen für die unter 3-Jährigen, in einen Ausbau der Ganztagesangebote ohne Qualitätsabstriche und in eine Verbesserung der bildungsbezogenen Ausstattung der Kindergärten. Betrachten wir einmal nur das Umwandlungspotenzial, das in den frei werdenden Kindergartenplätzen steckt: Würden allein die frei werdenden Plätze in gleicher Zahl als Ganztagesplätze im Krippenalter zur Verfügung gestellt und die damit verbundenen höheren Personalkosten, die mit der Betreuung unter 3-Jähriger verbunden sind, zusätzlich von der öffentlichen Hand getragen, so könnte auf diesem Weg schon bis 2006 eine Versorgungsquote von 17% erreicht werden *(vgl. Abbildung 3)*; 2012 läge in diesem Fall der Betreuungsgrad bei 30 %. Bei einer ausschließlich kostenneutralen Umwandlung in Krippenplätze – die Kosten für einen Platz für unter 3-Jährige sind mehr als doppelt so teuer wie ein Kindergartenplatz – würde hingegen in der langfristigen Projektion nur eine Quote von 15 % erreicht.

Da bei dieser Berechnung allerdings durchgängig Ganztagesplätze für unter 3-Jährige zugrunde gelegt wurden, verbessert sich die Betreuungsquote, wenn man stattdessen auch Plätze in der Tagespflege anbietet – die rund die Hälfte kosten würden – oder aber nicht nur Ganztagesplätze ausweist. Dadurch könnten bis 2006 auch die politisch ins Spiel gebrachten 20 Prozent erreicht werden.

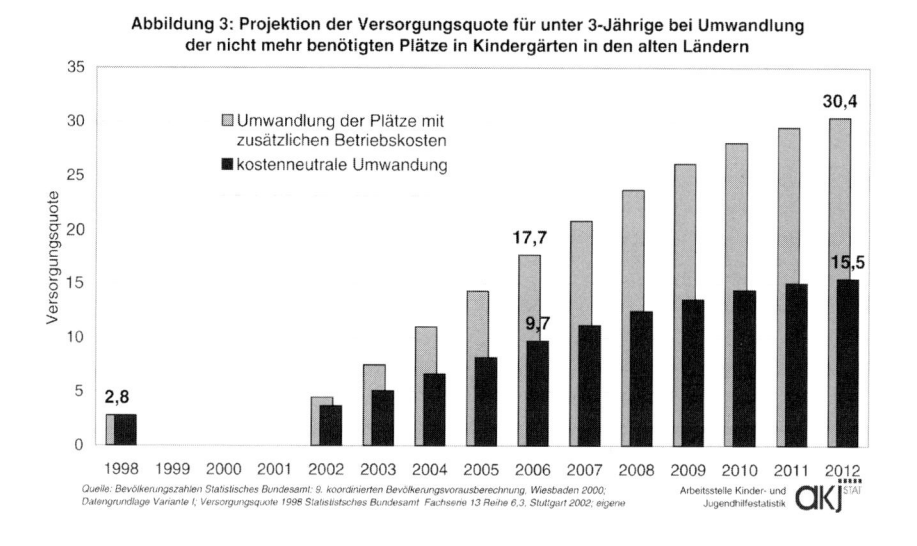

Abbildung 3: Projektion der Versorgungsquote für unter 3-Jährige bei Umwandlung der nicht mehr benötigten Plätze in Kindergärten in den alten Ländern

Jahr	Umwandlung der Plätze mit zusätzlichen Betriebskosten	kostenneutrale Umwandlung
1998	2,8	
1999		
2000		
2001		
2002	4,x	3,x
2003		
2004	7,x	5,x
2005	11,x	6,x
2006	14,x	8,x
2006	17,7	9,7
2007	21	11
2008	24	12
2009	26	13
2010	28	14
2011	29	15
2012	30,4	15,5

Quelle: Bevölkerungszahlen Statistisches Bundesamt: 9. koordinierten Bevölkerungsvorausberechnung, Wiesbaden 2000; Datengrundlage Variante I; Versorgungsquote 1998 Statistisches Bundesamt Fachserie 13 Reihe 6.3, Stuttgart 2002; eigene

Arbeitsstelle Kinder- und Jugendhilfestatistik

Somit wird deutlich, dass vorhandene Ressourcen zwar genutzt werden können, die öffentliche Hand allerdings zwangsläufig damit konfrontiert sein wird, noch zusätzliche Gelder zur Verfügung zu stellen, damit eine Ausweitung der Ganztagsbetreuung im Krippen- und Kindergartenalter sowie eine bildungsbezogene verbesserte Ausstattung der Kindergärten ermöglicht wird. Je nach Zielgröße verbergen sich somit zusätzliche jährliche Betriebskosten in Milliardenhöhe hinter dieser Umwandlung.

Im Osten müsste und könnte indessen in diesem Fall das gegenwärtige Niveau in etwa gehalten werden – und dieser würde damit erstmalig zu einem latenten Maßstab für eine Entwicklung, die in den alten Bundesländern erst noch nachvollzogen werden muss. Eine absehbare eigenständige Entwicklung in den neuen Bundesländern möchte ich aber dennoch ansprechen. Aufgrund der Entlassung vieler Erzieher und Erzieherinnen in den 1990er-Jahren haben wir es inzwischen mit einer fast dramatischen Überalterung der Erzieher und Erzieherinnen zu tun. Für den Elften Kinder- und Jugendbericht haben wir einmal versucht abzuschätzen, wie viele Erzieher und Erzieherinnen altershalber bis 2010 ausscheiden werden. In unserer Modellrechnung kommen wir auf 30.000 Erzieher und Erzieherinnen, die bis dahin ausscheiden. Vergegenwärtigt man sich, dass in den neuen Bundesländern gegenwärtig nur ca. 700 Erzieher und Erzieherinnen pro Jahr ihre Ausbildung abschließen, wird sehr schnell deutlich, dass wir es mit einem erheblichen Fachkräftemangel in den nächsten Jahren zu tun haben werden – es sei denn, man greift auf andere Berufsgruppen zurück.

V. Schluss

Die Frage der Bildung, Betreuung und Erziehung in den Tageseinrichtungen für Kinder steht vor einer wichtigen Weiche, die es mit Blick auf die künftige Gestalt in naher Zukunft zu stellen gilt. Dabei scheint mir noch nicht ausgemacht zu sein, wo die Reise hingeht, auch wenn ich mir sicher bin, dass die jetzt ausgelösten Debatten keine Möglichkeit zur Umkehr mehr gestatten. Unklar bleibt vorerst jedoch der Preis für diesen Aufbruch: weniger Qualität, schlechter ausgebildetes Personal, mehr Eigenleistungen bzw. höhere Elternbeiträge oder mehr sozialstaatliche Investitionen und mehr Steuern. Es gilt, in Anbetracht dieser unterschiedlichen Möglichkeiten, mithin zu verhindern, dass am Ende die Kinder die Zeche bezahlen. Die Gefahr jedenfalls – PISA lässt grüßen – ist nicht ganz von der Hand zu weisen.

Helga Böhme

Jugendhilfeplanung – konkret

Der Landkreis Miesbach liegt in Oberbayern und grenzt im Norden an den Landkreis München und im Süden an die Republik Österreich. Der Landkreis Miesbach ist landschaftlich sehr schön, die Idylle der Natur darf aber nicht darüber hinwegtäuschen, dass auch im Landkreis Miesbach (90 000 Einwohner) – wie in vielen anderen Regionen – der Jugendhilfebereich auf der Ausgabenseite des Haushaltsplanes Spitzenreiter unter allen Fachbereichen ist.

4 Mio. Euro mit leicht steigender Tendenz werden im Landkreis jährlich für Jugendhilfeleistungen ausgegeben.
„Hinter jedem Euro steht ein menschliches Schicksal", dies macht der Landrat häufig in der Öffentlichkeit bewusst. Ein Grund, weshalb er das Jahr 2003 zum Jahr von Familie, Kinder und Jugend ernennen wird.
Es komme darauf an, so der Landrat, die Menschen noch mehr für die Situation von Familien mit Kindern zu sensibilisieren und auf deren Probleme aufmerksam zu machen.

Mit Blick auf die in den letzten drei Jahren erfolgreich gelaufene Aktion „Barrieren abbauen", in der die Probleme behinderter Menschen im Mittelpunkt standen und durch eine Vielzahl von Initiativen tatsächlich Barrieren – nicht nur an Fußwegen und Treppen – abgebaut werden konnten bzw. beginnen, sich abzubauen, zeigt sich der Landrat optimistisch: Die Zahl der Menschen, die nicht nur Verständnis für den Jugendhilfebereich aufbringt, sondern bereit ist, sich für junge Menschen und Familien zu engagieren, wird nach Auffassung des Landrats steigen, wenn es gelingt, die gesellschaftliche Verantwortung aller für das Aufwachsen von jungen Menschen noch bewusster zu machen. Überzeugt vertritt der Landrat in Miesbach den Standpunkt, dass das Schlüsselwort „Prävention" heißt. Bedingungen für Familien und Kinder zu schaffen, die das gesunde Aufwachsen der Kinder fördern.

Diese Aussagen lassen vermuten, dass unter solchen Bedingungen, Jugendhilfeplanung geradezu gelingen muss.

Vor wenigen Wochen informierte sich der Kreiskämmerer über eine zu begleichende Rechnung für die Jugendhilfeplanung. Das Informationsgespräch mündete in eine Grundsatzdiskussion zum Thema Notwendigkeit von Jugendhilfeplanung.
Der Kämmerer teilte mit, er treffe sich regelmäßig mit allen Kreiskämmerern Bayerns auf einer Arbeitstagung und keiner seiner Amtskollegen könne bestätigen, dass Jugendhilfeplanung eine Verminderung oder wenigstens eine Stagnation der Ausgaben im Jugendhilfebereich bewirke.

Dies sind die Erwartungen an Jugendhilfeplanung aus Sicht der Kämmerer. Dies ist eine Forderung, die Jugendhilfeplanung in dieser Weise überhaupt nicht erfüllen kann, weil es nicht ihre originäre Aufgabe ist. Qualifizierte Jugendhilfeplanung ist die bedarfsgerechte Ausgestaltung des Jugendhilfesystems, wobei die Frage der Qualität der Erstellung von Jugendhilfeleistungen im Vordergrund stehen muss, natürlich begleitet von der Frage, ob die erforderliche Leistung erwirtschaftet werden kann, welche Ressourcen dafür zur Verfügung stehen und wie sie effizient eingesetzt werden können. Das ist die oberste Prämisse von Jugendhilfeplanung – auch im Landkreis Miesbach.

Was Jugendhilfeplanung erfüllen kann, wenn sie qualifiziert erfolgt, ist zunächst, dass die Planungsschritte sinnvoll und nachvollziehbar sind und dass sie zu sichtbaren Zwischenergebnissen führen. Und, was gerade Jugendhilfeplanung leisten kann, wenn sie nicht im stillen Kämmerlein oder gar am grünen Tisch erfolgt, ist, dass sie zu einem öffentlichen Diskurs führt, quer durch alle Ebenen der Betroffenen, der Erbringer und Erbringerinnen der Dienstleistung sowie der Nutzerinnen und Nutzer, dass sie sich aus diesem Dialog nährt, dass sie selbst Weg und Ziel in sich vereint. Sie orientiert sich so ganz nah an Lebenswelten und Lebensprozessen und hat damit ein großes Gestaltungspotential, vor allem in präventiver Hinsicht.

Qualifizierte Jugendhilfeplanung ist Teil des sozialen Netzes der Gesellschaft und hat die Aufgabe, Notwendigkeiten und Möglichkeiten präventiver Angebote zu erkennen und in die Praxis umzusetzen.
Der präventive Charakter z. B. von kindgemäßer Betreuung, Bildung und Erziehung – in der Familie und in Institutionen – ist unumstritten und Personen, zu denen Kinder eine gute Beziehung aufbauen können (sowohl in der Familie als auch in Kinderbetreuungseinrichtungen), geben ihnen durch ihr

eigenes Vorbild und durch die Wertschätzung des Kindes Orientierung und stärken das Selbstwertgefühl der Kinder.

Im Folgenden sollen Planungsansätze und Planungsschritte im Bereich Kindertagesbetreuung dokumentiert werden.

Der Jugendhilfeausschuss Miesbach hat seiner Planungsgruppe vor zwei Jahren den Auftrag erteilt, auf der Grundlage der Sozialraumanalyse ein Gutachten für den Bereich der Kindertagesbetreuung zu erstellen.

Dieser Bereich war im Vergleich zur Jugendarbeit und Hilfen zur Erziehung nicht nur wegen des bereits erwähnten Prävention besonders favorisiert, sondern auch, weil die Praxis in den Kindertageseinrichtungen – hauptsächlich Kindergärten – und im Amt für Jugend und Familie verdeutlichte, dass die Nachfrage nach Kinderbetreuungsplätzen vor allem für unter 3-Jährige und Schulkinder steigt und kaum Angebote zur Verfügung stehen. Um es deutlicher oder etwas plakativ auszudrücken: Diese Altersgruppen stehen bereits in den Startlöchern und drängen auf den Kinderbetreuungsmarkt.

In der Diskussion stand und stehen sich bereits heute abzeichnende veränderte demographische Entwicklungen, ausgelöst vor allem durch den Geburtenrückgang. Damit drängt sich die Frage geradezu auf, was geschieht mit den freiwerdenden Plätzen in den Kindergärten. In welcher geeigneten Form könnte auf die erwähnten veränderten Bedürfnislagen von Familien reagiert werden. Mit Blick auf die in den Einrichtungen dann vorhandenen Ressourcen wird deutlich, dass Jugendhilfeplanung und Kindergartenbedarfsplanung eng miteinander verknüpft werden müssen.

Es ist leider auch Realität, dass mangels ausreichender Angebote viele Kinder täglich in mehreren Betreuungsformen untergebracht sind, von der Oma bis hin zur Freundin oder Nachbarin, ganz zu schweigen von Kindern, deren alleinerziehende Mutter oder Vater in häufig wechselnden Partnerschaften leben und diesen Partnerinnen und Partnern stundenweise die Betreuung der Kinder obliegt. Wer gibt diesen Kindern Orientierung zur Entwicklung einer vertrauensvollen Bindung?
Liegen nicht gerade hier Ansätze zur Entwicklung problematischer Lebenswege von Kindern?

Der Kindertagesstättenbereich war auch aus entwicklungspsychologischer Sicht favorisiert, weil qualifizierte Kinderbetreuung die Rahmenbedingungen für das gesunde Aufwachsen von Kindern bieten kann. Kinder brauchen

Kinder zum Aufwachsen, zur Entwicklung ihrer Identität und zum Erwerb von Sozialkompetenz. Qualifizierte Kindertagesstätten bieten den Raum dafür.

Ziel ist es, dass sich die Kinder zu selbstständigen, selbstbewussten Persönlichkeiten entwickeln und durch die vorhandene Möglichkeit, ihnen ergänzend zum Heranwachsen in ihrer Familie die Möglichkeit des sozialen Lernens in einer Gruppe von Kindern zu geben, sie entsprechend ihrer Individualität zu fördern und sie auf dem Weg ihrer Entwicklung liebevoll und unterstützend zu begleiten.

An dieser Stelle wird deshalb der Konjunktiv gebraucht – „hätten die Möglichkeit" –, weil der Schritt vom „Wollen" zum „Tun" Geld kostet.
Geld, das neben den Investitionen des Staates vor allem von den Kommunen aufgebracht werden muss.
Ein Grund, weshalb unsere Städte und Gemeinden angesichts leerer Kassen einen mehr als kritischen Blick auf die Jugendhilfeplanung werfen.
Dies ist ein Argument mehr f ü r die Jugendhilfeplanung, denn diese schafft nicht den Bedarf, sondern hilft den Kommunen, auf den vorhandenen Bedarf von Familien entsprechend den regionalen Gegebenheiten zu reagieren, vorhandene Ressourcen zu erkennen und zu nutzen, aber auch notwendige Investitionen zu diskutieren.

Die Versorgungssituation im Landkreis Miesbach in Bezug auf die Kindergartenplätze ist – mit Ausnahme einer Gemeinde – zufriedenstellend, nicht zuletzt auch deshalb, weil viele Gemeinden in den vergangenen Jahren in die Schaffung neuer Kindergartenplätze investiert haben – trotz des in Bayern gesetzlich nicht verankerten Rechtsanspruchs auf einen Kindergartenplatz.
Im Hinblick auf das zurzeit in der Modellphase befindliche neue Fördermodell, das vorsieht, dass ab 2005 die staatlichen und kommunalen Zuschüsse kind- und nutzungszeitbezogen gewährt werden, müssen sich Träger und Teams heute schon damit auseinandersetzen, wie sie zu einer guten Auslastung ihrer Einrichtung kommen. Das bedingt die Stärkung des Mitsprache- und Mitgestaltungsrechts der Eltern und führt zu bedarfsgerechteren Angeboten.

Weil die Vereinbarkeit von Familie und Beruf auch für die Familien im Landkreis Miesbach nicht nur Wunsch sondern ökonomische Notwendigkeit ist, wurden bei der Entwicklung von Planungsschritten bisher die Eltern aktiv mit einbezogen.

Den Prozess der fachlichen Diskussion zu den im Gutachten ermittelten Betreuungsbedürfnissen, vorhandenen Ressourcen und zu den Möglichkeiten der Entwicklung neuer Konzepte der Kindertagesbetreuung leitete eine Fachtagung im Februar 2002 unter Federführung der Jugendhilfe-Planungsgruppe ein.

Der Einladung folgten nahezu 130 Erzieherinnen und Erzieher, Trägervertreter von Kitas, Eltern, Lehrer, Bürgermeister, Kinderärzte, Vertreter der öffentlichen und freien Träger der Jugendhilfe, kurz viele Interessierte, die in den vielfältigsten Formen mit Kindern und Kinderbetreuung zu tun haben. Sie alle kamen freiwillig und ehrenamtlich, und das an einem Samstag. Der für die Fachtagung vorgesehene Saal platzte fast aus allen Nähten, ein Beweis für das große Interesse der Erzieherinnen und Erzieher, mit der eigenen Einrichtung am Fachdialog Teil zu haben, und für die Aktualität des Themas.

Eingeladen waren Referenten und Referentinnen aus Wissenschaft und Forschung, die mit ihren Impulsreferaten für den theoretischen Input und die Diskussionsgrundlage des Fachtages sorgten.

Als Überschrift über der Fachtagung stand die Frage, welche möglichen Formen der Kindertagesbetreuung gibt es derzeit, was wird künftig möglich sein, wohin entwickelt sich Kindertagesbetreuung? Damit entstanden vier Themengruppen:
1. Betreuung unter 3-Jähriger (Kinderkrippen, Tagespflege, Spielgruppen)
2. Schulkinderbetreuung in ihren vielfältigsten Formen
3. Breite Altersmischung (der Schritt vom Kindergarten zum Kinderhaus)
4. Integration (gemeinsames Aufwachsen von Kindern mit und ohne Behinderung)

Der Vormittag der Fachtagung war geprägt von den Impulsreferaten zu dem jeweiligen Themenbereich. Die Referenten und Referentinnen kamen vom Staatsinstitut für Frühpädagogik München, das die wissenschaftliche Begleitung der pädagogischen Arbeit in den Kindergärten und Horten führt, vom Deutschen Jugendinstitut und von der Fachabteilung Ganztagesbetreuung für Schulkinder bei der Regierung von Oberbayern. Die Referenten und Referentinnen hatten den Auftrag, in kurzen, prägnanten und auch ein bisschen provokanten Thesen die Schwerpunkte der jeweiligen Betreuungsform zu umreißen.

Den Nachmittag leitete die Gruppenarbeit ein. Die eingeladenen Gäste hatten sich mit der Anmeldung vorab schon für die Teilnahme an einer Arbeitsgruppe entscheiden können.

Schwerpunkte der Diskussionen in den Kleingruppen waren:
- Diskussion der Frage: Was wollen/brauchen Kinder?
- Wie bekommen Kinder das, was sie brauchen in der Familie, wie in der Kinderbetreuungseinrichtung?
- Wie sind die Bedürfnislagen der Familien?
- Was können Kindertageseinrichtungen leisten?
- Welche Rahmenbedingungen sind erforderlich?
- Visionen erwünscht!

Die anschließende Präsentation im Plenum trug die Ergebnisse der Gruppenarbeit zusammen und gab erste Vorschläge, wie es in der Jugendhilfeplanung im Bereich Kindertagesbetreuung weitergehen könnte.

Gleichzeitig stand die Frage in der Arbeitsgruppe, wer bereit ist, noch über einen Zeitraum von 5 Monaten – also bis zum Sommer - den fachlichen Austausch in der Gruppe fortzuführen.
40 Ehrenamtliche unterschiedlichster Professionen erklärten sich dazu bereit.

Der Leiter der Planungsgruppe erteilte den Auftrag an die Arbeitsgruppen: Entwickeln von Empfehlungen an den Jugendhilfeausschuss zum weiteren Planungsvorgehen.

In der Jugendhilfeausschusssitzung konnte gemeinsam mit der Dokumentation der Fachtagung die Empfehlungen der 4 Arbeitsgruppen an den Vorsitzenden des Jugendhilfeausschusses, den Landrat, übergeben werden.

Die Empfehlungen gliedern sich im wesentlichen folgendermaßen:
- <u>Präambel</u> (Grundsätzliches zur Situation der Familien und ihrer Kinder in unserer heutigen Gesellschaft)
- Zielsetzung
  - z. B. Schaffung von Lebens- und Lernumwelten für Kinder, in denen sie selbstbestimmt und realitätsgerecht aufwachsen können
  - bedarfsgerechter Ausbau von Kinderbetreuungsangeboten, damit Eltern von ihrem Wahlrecht tatsächlich Gebrauch machen können
  - Ausbau der Angebote an Integrationsplätzen in jeder Gemeinde/Stadt
- <u>Ausgangssituation</u>
  Bezugnahme zur Situation im Landkreis, wie sie sich aus dem erstellten Gutachten ergeben hat,
- <u>Rahmenbedingungen</u>
  Berücksichtigung entwicklungspsychologischer Aspekte bei der Gestaltung der pädagogischen Arbeit: „Das Kind als Konstrukteur seiner Ent-

wicklung", räumliche, strukturelle Rahmenbedingungen, Anforderungen an die Qualifikation von Erzieherinnen: Stichwort „lebenslanges Lernen"
- Umsetzung
  – Information der Bürgermeister und Kreisräte
  – Erstellen eines Jugendhilferahmenplanes für den Bereich Kindertagesbetreuung mit quantiativen und qualitativen Aussagen zum Bedarf
  – Anregung zur Bildung lokaler Kompetenzgruppen in den Kommunen unter Mitwirkung von Mitgliedern der Planungsgruppe
  – Analyse der Ressourcen in der Kommune
  – Entwicklung von regionalen Planungsschritten auf kommunaler Ebene im Rahmen des Jugendhilferahmenplanes

Die Ausführungen machten deutlich, dass in einer breiten öffentlichen Diskussion konkrete Handlungsorientierungen entwickelt wurden, die Leitlinie sein können, auf die ermittelten Bedarfslagen mit konkretem Tun zu antworten.

Die aufgeführten Empfehlungen im Jugendhilfeausschuss bzw. die Absichtserklärung der Planungsgruppe zu konkretem Handeln haben erwartungsgemäß nicht nur zu Bejahung geführt.
Es bestehen immer noch geteilte Meinungen gegenüber außerfamilialer Betreuung von Kindern. Oft wird sie abgelehnt mit dem Argument, Fremdbetreuung schade der Entwicklung des Kindes. Die Forschung und die Entwicklungen der letzten Jahrzehnte haben längst Gegenteiliges gezeigt, nämlich dass gute Kinderbetreuungseinrichtungen vieles bieten, was in den Familien gar nicht geleistet werden kann: Zu nennen sind hier die vielfältigen Möglichkeiten und Facetten des Bildungs- und Erziehungsauftrages bayerischer Kindergärten, wie sie in der 4. Durchführungsverordnung zum Bayerischen Kindergartengesetz ihren Ausdruck finden und wie sie Kernstück des zurzeit entwickelten Bildungs- und Erziehungsplanes sind.
Wird die Erziehungspartnerschaft zwischen Eltern und Kindertagesstätte mit Leben erfüllt, werden bestmögliche Bedingungen für Erziehung, Bildung und Betreuung von Kindern geschaffen.
Im Elementarbereich sind Eltern i. d. R. offen für Hilfe und Unterstützung und die oft im Zusammenhang mit dem Thema Prävention gestellte Frage, wie die Eltern besser erreicht werden können, würde sich durch bedarfsgerechte und flächendeckende Kinderbetreuungseinrichtungen zum Teil selbst beantworten.

Der Landkreis Miesbach steht nun an einem bedeutenden Punkt in der Jugendhilfeplanung, der sicher richtungsweisend für alle weiteren Planungsschritte im gesamten Jugendhilfebereich sein wird.
Der Jugendhilfeausschuss wird dem Kreistag in seiner Novembersitzung vorschlagen, eine Klausurtagung einzuberufen, mit dem Ziel, dass sich die Politiker intensiv mit der Jugendhilfeplanung im Teilplan Kindertagesbetreuung auseinandersetzen und den politischen Willen zur Umsetzung der vorgeschlagenen Planungsschritte bekunden.

An dieser Stelle ein Zitat einer Kreisrätin, die auf eine skeptische Äußerung hin anmerkte, dass der Kreistag sich einen Tag lang auf einer Klausurtagung mit dem Thema „Müll" befasst hat und dass sie annehme, dass es auch möglich sein muß, einen Tag der Situation von Kindern und Jugendlichen unseres Landkreises zu widmen.

Der Landkreis Miesbach steht also mit einem ausgereiften Planungskonzept vor einer wichtigen Aufgabe: Die politische Ebene des Landkreises für die praktische Umsetzung der nächsten Planungsschritte zu gewinnen und mit den Kommunen gemeinsam Konzepte zu entwickeln.
Die Jugendhilfeplanung muss im ständigen Dialog mit der Politik stehen, damit die Planungsergebnisse politisch verantwortet und somit realisierbar, umsetzbar sind.

Abschließend soll an dieser Stelle hervorgehoben werden, dass in den vergangenen Monaten auch die Kinder zu Wort gekommen sind. Erzieherinnen und Erzieher aus Kindergärten und Horten haben 210 Kinder zum Thema befragt, was sie zum Wohlfühlen in den Kindertagesstätten brauchen. Die Antworten waren vielseitig und oft sehr klar: die Freunde, das Spiel, der Turnraum, die Kuschelecke, die Erzieherin, die Zeit hat, um mit den Kindern zu spielen, die Natur zu erforschen, Abenteuer zu erleben, ein schön gedeckter Tisch, um nur einige Beispiele zu nennen.
Kinder als Gestalter ihrer eigenen Entwicklung ernst zu nehmen, heißt, sie zu beobachten, sie zu beachten und wahrzunehmen, welche Bedürfnisse sie auf vielfältigste Weise zum Ausdruck bringen. Forschung und Wissenschaft vermitteln uns, was Kinder für ihre Entwicklung brauchen, welches Weltwissen sie haben sollten, was sie erlebt, erfahren haben sollten. Jetzt kommt es darauf an, in den Kindertagesstätten ein entsprechendes Lernfeld zu schaffen, das diesem Anspruch gerecht wird. Sich dafür zu qualifizieren ist eine grundlegende Anforderung an die Kompetenz von Erzieherinnen und Erziehern. Auch dieser Aspekt muss inhaltlich von Jugendhilfeplanung erfasst sein.

Die Fachtagung, die Kinderbefragung und die Umsetzungsempfehlungen wurden dokumentiert und werden den Landkreispolitikern und -politikerinnen überreicht. Der Dialog mit der Politik ist geplant und es ist abzusehen, dass es keine leichte Aufgabe werden wird, den Aushandlungsprozess zu gestalten.

Dr. Harald Seehausen

Beteiligungsformen der Wirtschaft

1. Kooperation zwischen Jugendhilfe und Wirtschaft: Rückblick und aktuelle Diskussion

2. Die Vorteile betrieblichen Engagements für Kinderbetreuung

3. Zur sozialpädagogischen Qualität von betrieblich geförderter Kinderbetreuung

4. Modelle betrieblichen Engagements

5. Betrieb und Kinderbetreuung – Resümee und Perspektiven

6. Literatur

1. Kooperation zwischen Jugendhilfe und Wirtschaft, am Beispiel der betrieblichen Förderung von Kinderbetreuung

Es ist sicherlich kein Zufall, dass sich ab Mitte der 80er Jahre am Wirtschaftsstandort Hessen vielfältige Visionen betrieblich geförderter Kinderbetreuung entwickelten: Denn wie kaum irgendwo sonst in der Bundesrepublik lassen sich hier, vor allem im Ballungsraum Rhein-Main, Entwicklungstrends erkennen, von denen die Eigendynamik der globalisierten Wirtschaft mit ihren Auswirkungen auf Familie und Gesellschaft in der Zukunft geprägt sein wird.

Mütter und Väter wünschen sich eine aktive Beteiligung der Betriebe an der Kinderbetreuung. Laut einer Emnid-Repräsentativ-Umfrage von 1989 leiden die meisten Eltern unter der Schwierigkeit, Beruf und Familie zu vereinbaren. Nahezu 80 % der Bevölkerung fordern eine größere Sensibilität der Arbeitgeber gegenüber den Familien mit Kindern. 28 % sehen in der betrieblichen Kinderbetreuung die erstrebenswerteste Maßnahme (vgl. Capital 1989). Auch das Bundesministerium für Familie und Senioren plädierte 1992 für den Ausbau und die Verstärkung einer betrieblich unterstützten Kinderbetreuung. Lange Zeit waren Betriebsräte und Betriebsleitungen hier eher skeptisch. Die Gewerkschaften wiesen zunächst auf die Gefahren hin, die sich aus der Bindung des Kinderbetreuungsangebotes an den Arbeitsplatz ergeben können. Eine 1993 erschienene Handreichung des Deutschen Gewerkschaftsbundes unterstrich aber die Notwendigkeit einer aktiven Beteiligung der Betriebe an der Kinderbetreuung (vgl. DGB 1993). Unternehmensverbände wiesen auf die Verantwortung der Kommunen und des Landes bei der Bereitstellung bedarfsgerechter Kinderbetreuungsangebote hin. Ende der 80er Jahre erachtete eine zunehmende Gruppe von Unternehmensleitungen die betriebliche Förderung von Kinderbetreuung als „Sozialleistung der 90er Jahre" (vgl. Sinn 1989). Die Unternehmensbefragung des Instituts der Deutschen Wirtschaft zu „Vorstellungen für eine familienorientierte Arbeitswelt der Zukunft" kommt u. a. zu dem Resultat, dass 70 % der befragten Unternehmen ein erweitertes Angebot an Kindergärten positiv im Hinblick auf die Beschäftigung von Müttern und Vätern bewerten (Bundesministerium für Familie und Senioren 1994, S. 81). Im Jugendhilfebereich argumentierte man sehr lange gegen betriebliche Einrichtungen wegen der Entwurzelung des Kindes im Wohngebiet und hatte die Sorge, zum Anhängsel der Wirtschaft herabgestuft zu werden.

Verantwortliche Frauenbeauftragte in zahlreichen Kommunen und Ländern organisierten Foren, um mit Hilfe der Wirtschaftsunternehmen und öffentlichen Verwaltungen die massiven Versorgungsengpässe im Kinderbetreuungsbereich zu verringern. Beratungsgesellschaften in den neuen Bundesländern führten vielfältige Befragungen zur betrieblichen Kinderbetreuung durch.

In diesem Kontext entwickelte die Frankfurter Forschungsgruppe des Deutschen Jugendinstituts (DJI) in der zweiten Hälfte der 80er Jahre eine neuartige „Dialogkultur" zwischen Wirtschaft und Jugendhilfe (vgl. Seehausen 1999, S. 22f.). In Kooperation mit Betriebsrätinnen und Betriebsräten von Banken (u.a. Commerzbank AG, Dresdner Bank AG, Deutsche Bank AG) gründete sich 1988 in Frankfurt eine AG „Betriebskindergarten", um die Frage der betrieblichen Kinderbetreuung in der sozialpolitischen Öffentlichkeit ins Gespräch zu bringen.

Erste Umfragen hatten ergeben, dass zahlreiche erwerbstätige Mütter und Väter für ihre Kinder sofort einen Platz in einer betriebseigenen Kindertagesstätte in Anspruch nehmen würden. Der Mangel an Betreuungseinrichtungen für Kinder erwerbstätiger Eltern entwickelte sich zunehmend zu einem Schlüsselproblem der Vereinbarkeit von Beruf und Familie. Die Betriebsrätinnen kritisierten die völlig unzureichenden Möglichkeiten beruflicher Chancengleichheit. Zu lange waren Familienfragen als private Angelegenheiten der Familie angesehen worden. Oder sie wurden vorschnell in die Zuständigkeit des Staates verwiesen. Das Engagement der Betriebrätinnen (und später auch der Betriebsräte) sollte Änderungen in der sozialpolitischen Landschaft der Kinderbetreuung herbeiführen (Locher 1990, S. 57-58).

Die Bundesarbeitsgemeinschaft der Landesjugendämter verabschiedete 1991 „Empfehlungen zur Einrichtung und zum Betrieb von Betriebskindergärten" und plädierte, bei Tageseinrichtungen für Kinder auf ‚reine' Betriebsträgerschaft zu verzichten und verstärkt Kooperationen zwischen Betrieben und Trägern der öffentlichen und freien Jugendhilfe anzustreben.

Die Frankfurter Forschungsgruppe des DJI untersuchte im Rahmen einer aktivierenden Handlungsforschung die Frage nach den besonderen Förderungsmöglichkeiten für Kinder, die ganztägig in Tagesstätten betreut werden (vgl. Amend/Haberkorn/Hagemann/Seehausen 1992). Hier lag ein wesentlicher Ausgangspunkt für die Zusammenarbeit des Hessischen Sozialministeriums mit der Hoechst AG, der Commerzbank AG und dem Bildungswerk der Hessischen Wirtschaft, der sich später u. a. die Deutsche Lufthansa AG, die Flughafen Frankfurt AG und die Deutsche Bahn AG sowie weitere mittelständische Unternehmen anschlossen. Diese für Westdeutschland neuartige Kooperation zwischen Jugendhilfe und Wirtschaft wurde von vielfältigen sozialpolitischen Aktivitäten im Rhein-Main-Gebiet begleitet (vgl. Seehausen 1990; Busch/Dörfler/Seehausen 1992; Bildungswerk der Hessischen Wirtschaft e. V. u. a.1994).

Das Fazit einer mehrjährigen Kooperation zwischen Jugendhilfe und Wirtschaft lautete:
- Wenn das Zukunftskapital der Betriebe auch in mehr elterlicher Teilnahme am Beruf, mehr Flexibilität beruflicher und familiärer Zeitpläne und einer hohen Qualität der Kindererziehung liegt, sind Verknüpfungen zwischen einer betrieblichen Familienpolitik und einer pädagogischen Sozialpolitik für das Kind erforderlich.
- Wenn die Koordination flexibler Arbeitszeiten der Betriebe und bedarfsgerechter Öffnungszeiten der Kindertageseinrichtungen gleichermaßen betrieblichen Zielen, der Berufszufriedenheit von Eltern und Erzieherinnen und Erziehern sowie dem Wohl der Kinder Rechnung tragen sollen, dann müssen zunächst Kooperationspfade zwischen den beteiligten Gruppen geschaffen werden.

- Wenn sich Unternehmen, auch angesichts des Mangels an qualifizierten Arbeitnehmern und Arbeitnehmerinnen und der demographischen Veränderungen, immer mehr um familienfreundliche Arbeitsverhältnisse bemühen, dann sollte die betriebliche Personalpolitik auch nach ungewohnten Wegen Ausschau halten und etwa die Zusammenarbeit mit dem Jugendhilfebereich suchen.
- Wenn die klassische Arbeitsteilung zwischen Mann und Frau immer mehr in Frage gestellt ist und sich eine Vielzahl unterschiedlicher Lebensgemeinschaften herausbildet, helfen immer weniger Konzepte, die am Klischee einer typischen Familie ausgerichtet sind. Wirtschaft, Gewerkschaft und Jugendhilfe müssen dann berufsfeldübergreifende Konzepte entwerfen, die von einer ganzheitlichen Sichtweise getragen sind.
- Wenn die Arbeitszeitflexibilisierung betriebliche Erfordernisse mit Zeitwünschen der erwerbstätigen Eltern verbinden kann, dann sind auch psychosoziale Leistungen neu zu bewerten und in Wirtschaftlichkeitsüberlegungen einzubeziehen.
- Wenn familiengerechte Öffnungszeiten und hochwertige Kindertagesstätten in der Jugendhilfe an Bedeutung gewinnen, zugleich aber dieser Sozialbedarf an Grenzen der Finanzierung stößt, sollten gemeinsame Konzepte zwischen Sozial- und Wirtschaftspolitik entwickelt werden.
- Je vielfältiger sich die Lebensverhältnisse von Kindern gestalten, um so notwendiger wird ihre Integration und Überbrückung (vgl. Autorengruppe Sozialpolitisches Forum 89, 1990, S. 79-82).

Dieser skizzierte historische Hintergrund aus der Rhein-Main-Region hatte wesentlich zum Zustandekommen des bundesweiten Modellversuchs „Betriebliche Förderung von Kinderbetreuung" (1995-1997) beigetragen (vgl. Hagemann/Kreß/Seehausen 1999).
Der bundesweite Modellversuch untersuchte innovative Verbundlösungen und Kooperationsmodelle zwischen Privatwirtschaft und Jugendhilfe, deren Ziel es ist, sowohl die Vereinbarkeit von Familien- und Erwerbsarbeit zu verbessern, als auch im Sinne der Chancengleichheit Männern und Frauen eine gleichberechtigte Teilhabe an diesen Aufgaben zu ermöglichen.

Folgende Fragekreise standen im Zentrum des Modellversuchs:
- die sozialpädagogische Qualität der betrieblich geförderten Kinderbetreuungsangebote, ihre Entwicklungschancen für Kinder und Perspektiven für Eltern,
- das Spannungsfeld zwischen den Arbeitszeiten von Eltern und den Öffnungszeiten der Tageseinrichtungen,

- die Kosten-Nutzen-Analyse zur ökonomischen Bewertung betrieblich geförderter Kinderbetreuungsangebote,
- rechtliche, organisatorische und finanzielle Fragen der Verbundmodelle zwischen Jugendhilfe und Wirtschaft.

Die Auswahl der zehn Projektstandorte in sechs Bundesländern erfolgte auf der Grundlage der in der „Frankfurter Studie" entwickelten sechs Modelle betrieblicher Förderung von Kinderbetreuung (vgl. Busch/Dörfler/Seehausen 1992, S. 13f.). An diesem Projekt beteiligten sich zahlreiche Firmen. Die Volkswagen AG und Commerzbank AG und weitere Firmen beteiligten sich mit an der Finanzierung dieses bundesweiten Modellversuchs.

Unsere zentrale Ausgangsthese lautet:
Betriebliche Kinderbetreuungsangebote müssen eingebettet sein in die gesellschaftspolitische Entwicklung und in das sozialpolitische Engagement von Unternehmen. Sie tangieren den Bereich der Arbeitsmarktentwicklung und speziell die betriebliche Frauenförderung. Sie sind Teil der gesellschaftlichen Familienpolitik und finden zunehmend Eingang in die Gesetzgebung.

Die beiden bundesweiten Projekte „Orte für Kinder" und „Betriebliche Förderung von Kinderbetreuung" haben für Beispiele innovativen Handelns einen qualitativen Bezugsrahmen zur Verfügung gestellt: Orientieren müssen sie sich an den verschiedenen Bedarfslagen und Lebensformen der Familien. Die Pluralisierung der Lebenswelten, die sich im Arbeits- und Familienbereich entwickeln, muss auch im Bereich der Kinderbetreuung einen adäquaten Niederschlag finden und individuelle Lösungsmöglichkeiten bieten (Deutsches Jugendinstitut (Hrsg.) 1994; Hagemann/Kreß/Seehausen 1999).

Eine Reihe von Bundesländern haben die rechtlichen und finanziellen Grundlagen zur Förderung betrieblicher Kinderbetreuung innerhalb ihrer Ländergesetze geklärt (vgl. Höltershinken/Kasüschke 1996, S. 162f.). Zudem bieten betrieblich geförderte Kindereinrichtungen zukunftsweisende Handlungsmodelle zur Weiterentwicklung von Tageseinrichtungen für Kinder (Erler 1996; Seehausen1999, 2001).

Im Gleichstellungsgesetz ist neben Regelungen zu Kernbereichen betrieblicher Gleichstellung (u. a. zur Erhöhung der Frauenanteile in verschiedenen Bereichen, der Aufnahme des Gender-Mainstreaming-Prinzips, der betrieblichen Umsetzung des Lohngleichheitsgebotes und von Maßnahmen zum Schutz vor sexueller Belästigung) auch die Realisierung von konkreten Maßnahmen zur „Gleichstellung von Frauen und Männern" in der Wirtschaft vorgesehen. Ein wesentliches Element zur Verbesserung der „Vereinbarkeit von Familie und Erwerbstätigkeit" sind hierbei familiengerechte Arbeitszeiten und die Bereitstellung darauf abgestimmter betrieblich (mit-)organisierter oder (mit-)finanzierter Kinderbetreuung.

Auffällig ist jedoch, dass von Seiten der Wirtschaft ein Informationsdefizit in Hinblick auf die Gestaltung von Modellen der betrieblichen Förderung von Kinderbetreuung existiert. Der Präsident der Bundesvereinigung der Deutschen Arbeitgeberverbände Dr. Dieter Hundt wies in seinem kürzlich gehaltenen Vortrag auf dem internationalen Kongress zu ganztägiger Bildung und Betreuung „Zukunft nur mit Kindern" (Berlin Juni 2002) auf dieses Manko hin. Er betonte die Notwendigkeit der Entwicklung neuer Wege für Arbeitgeber, Verbände, Kommunen und Länder, die ganztägige Betreuung durch eine Vielfalt betrieblich geförderter Kinderbetreuungsmodelle zu unterstützen.

In dem Konfliktdreieck „Familie – Arbeitswelt – Kinderbetreuung" spielt die Vereinbarkeit von Familie und Beruf eine zentrale Rolle. Unsere bisherigen Ausführungen zeigen, dass die Ökonomie Sache der Betriebe, die Erziehung Sache der Familie und die Kinderbetreuung eine Angelegenheit der öffentlichen Hand gewesen ist. Diese bisherige Trennung und Arbeitsteilung vermischt sich nun. Akteure mit scheinbar gegensätzlichen Interessen erkennen, dass sie aufeinander angewiesen sind.

Die Notwendigkeit größerer Flexibilisierung und sinnvoller Verteilung der Erwerbsarbeit, das politische Ziel einer beruflichen Chancengleichheit von Frauen und Männern, die Finanznot der Kommunen und das Interesse von Betrieben, das Erwerbspotential gut ausgebildeter Frauen auszuschöpfen, finden einen gemeinsamen Nenner in unkonventionellen Formen der Kinderbetreuung.

2. Die Vorteile betrieblichen Engagements für die Kinderbetreuung

Wenn eine zunehmende Gruppe von Unternehmensführungen die betriebliche Förderung von Kinderbetreuung als „Sozialleistung der 90er Jahre" bezeichnet, so haben diese Unternehmen den Wandel gesellschaftlicher und ökonomischer Rahmenbedingungen wahrgenommen und sozialen Experimenten in diesem Feld zugestimmt.
Sechs Trends weisen auf die Notwendigkeit von neuen Kooperationen zwischen Familie, Kinderbetreuung und Arbeitswelt hin:

1. Globaler Wettbewerb verändert die Märkte und erfordert neue Personalpolitik.
2. Demographische Entwicklung und die Neuverteilung der Berufschancen zwischen Frauen und Männern verändert die Strukturen des Arbeitsmarktes.
3. Neue Lebensformen führen zu neuen Vereinbarkeitsformen zwischen Erwerbs- und Familienarbeit und diese wiederum zu Produktivitätssteigerungen.
4. Die Umgestaltung des Sozialstaates erfordert eine stärkere Berücksichtigung von Familienbelangen und damit eine bessere soziale und ökonomische Absicherung moderner Elternschaft.
5. Familien sind als Produzenten und Träger des Humanvermögens für die Standortattraktivität der Kommune wichtig.
6. Vereinbarkeit von Familie und Beruf wird zu einer gesellschaftlichen Herausforderung, die über die Grenzen der verschiedenen Handlungsfelder Familie, Arbeitswelt und Kinderbetreuung hinausgehende Ansätze benötigt.

Ende der 80er Jahre gewann eine personalwirtschaftliche Orientierung innerhalb der Betriebswirtschaftslehre an Bedeutung, die sich mit der „Vereinbarkeit von Familie und Beruf als Herausforderung an das strategische Personalmanagement" (Hosemann/Lenz/Burian 1990) befasst.

Hier wurden neuere sozialwissenschaftliche Ergebnisse zu Rate gezogen, um auf der erweiterten Grundlage demographischer Entwicklungen und Veränderungen des Qualifikationsbedarfes sowie der Wertorientierungen mit neuen Personalkonzepten zu antworten. Ab Mitte der 90er Jahre begann eine in unseren Augen weitreichende Diskussion um eine familienfreundliche Personalpolitik, die eine Verknüpfung von familiären und beruflichen Interessen verfolgt.

In diesem Zusammenhang werden die Thesen vertreten, die knapper werdenden Ressourcen beruflicher Qualifikation sollen erhalten und ausgebaut werden. Die moderne familienorientierte Personalpolitik anerkennt die Vielfalt der Lebensmodelle in der Familienphase und muß demzufolge individualisierter werden. Betrieblich geförderte Kinderbetreuung ist in diesem Zusammenhang für Betriebe und Eltern gleichermaßen ein wichtiges Thema geworden. Zum anderen erhält die ganzheitliche Führung der Mitarbeiterinnen und Mitarbeiter im Unternehmen einen höheren Stellenwert.
Unternehmen verlieren wertvolle Mitarbeiterinnen und Mitarbeiter, weil diese Kinderbetreuung und Beruf nicht miteinander vereinbaren können. Fami-

lienbewusste Unternehmen zeigen jedoch, dass es auch anders geht. Um die Beschäftigten enger an das Unternehmen zu binden, haben diese mit Kommunen, Elternvereinen und freien Jugendhilfeträgern neue innovative Verbundlösungen und Kooperationsmodelle der Kinderbetreuung entwickelt. Sie verfolgen das Ziel, sowohl die Vereinbarkeit von Familien- und Erwerbsarbeit zu verbessern, als auch im Sinne der Frauenförderung Männern und Frauen eine gleichberechtigte Teilhabe an diesen Aufgaben zu ermöglichen.

Diese oft maßgeschneiderten betriebs- und wohnortnahen Zuschnitte verfügen über eine zeitgemäße Familienorientierung. Vielfältige Formen der betrieblichen Förderung von Kinderbetreuung ermöglichen nicht nur Großunternehmen eine innovative Personalentwicklung – auch kleinere und mittlere Unternehmen sowie öffentliche Betriebe engagieren sich für ein differenziertes Angebot unterschiedlicher Kinderbetreuungsformen.

Wo liegen die Interessen des Unternehmens?
Soziale Veränderungsprozesse im Spannungsfeld von Beruf und Familie machen sich in den Unternehmen bemerkbar. Die Personalverantwortlichen bestätigen die Annahme, dass ein als ausgeglichen empfundenes Familienleben eine stabilisierende Wirkung auf die berufliche Leistungsbereitschaft und -fähigkeit ausübt (vgl. Dahmen-Breiner/Dobat 1993). Durch eine stärkere Bindung der Mitarbeiter und Mitarbeiterinnen an das Unternehmen bleiben betriebsspezifische Kenntnisse und fachliches Spezialwissen sowie Erfahrung im Umgang mit den Kunden langfristig erhalten. Unternehmen konkurrieren um engagierte und qualifizierte Mitarbeiter und Mitarbeiterinnen. Bei ähnlichen Anforderungsprofilen hängt es vor allem von Lage und Ausstattung des Arbeitsplatzes ab, für welches Angebot sich zukünftige Mitarbeiter und Mitarbeiterinnen entscheiden. Hier werden betrieblich geförderte Kinderbetreuungsangebote in der Personalwerbung gezielt eingesetzt.

Empirische Untersuchungen belegen positive Effekte:
- Verbesserung der Arbeitsbeziehung
- Verbesserung von Innovationsberetischaft und Engagement
- Sicherung von Humankapitalinvestitionen
- Steigerung der Qualität
- Sicherung der Produktivität
- Senkung der Fehlerquote
- Reduktion von Fehlzeiten

(u. a. BMFSF 2001; BMWI/GHST 2001; GHST 1998; Deutsche Gesellschaft für Personalführung 1997, Martin 1991; Seehausen 1999).

Drei weitere Tendenzentwicklungen sind für die künftige Entwicklung betrieblich geförderter Kinderbetreuung stärker zu berücksichtigen:
Die Erwerbsarbeit tritt in eine schärfere Konkurrenz mit anderen Lebenszielen. Die Attraktivität anderer Lebensbereiche nimmt zu. Es besteht die Tendenz zur Abkehr von der Bindung an eine einseitig definierte Rolle. So wie die Rolle der einseitig familienorientierten Hausfrau abnimmt, so stellen Männer das Pendant des einseitig berufsorientierten Mannes in Frage (vgl. Schuhmacher 1988, S. 77f., vgl. Schnack/Gesterkamp 1996; Zulehner/Volz 1999; Gesterkamp 2002).
Diese vor allem auch von der Deutschen Gesellschaft für Personalführung initiierte Fachdiskussion will die „familienfreundliche Personalpolitik aus der Sozialkostenecke herausholen".

Die Diskussion um die Kosten-Nutzen-Analyse von betrieblich geförderter Kinderbetreuung erhält ihren Stellenwert in den Beziehungen zwischen betrieblicher Familienpolitik und Arbeitsproduktivität (vgl. Seehausen/Urban 1999, S. 39f.). Sozialleistungen werden von Unternehmen als Investitionen in das Humankapital bewertet. Dabei ist zu beobachten, wie die Sozialpolitik der Unternehmen durch Anpassung an die wirtschaftliche Entwicklung entsteht und zugleich die Dynamik in der staatlichen Sozialpolitik beeinflusst.

Ein dritter Trend bindet die betriebliche Förderung von Kinderbetreuung in die Frage nach der Bewertung und Verwertbarkeit von Familienqualifikationen in der Arbeitswelt ein (Bayerisches Staatsministerium für Arbeit und Sozialordnung, Familie, Frauen und Gesundheit/Deutsches Jugendinstitut 1994; Hertie-Stiftung 1996; KAB Süddeutschland/Deutsches Jugendinstitut 2000).

Unternehmen, die im weltweiten Wettbewerb stehen und beim Einsatz von modernen Produktionsweisen und Dienstleistungsverhältnissen von ihren Beschäftigten ein Höchstmaß an Flexibilität erwarten, engagieren sich in besonderer Weise für betrieblich unterstützte Projekte der Kinderbetreuung. Die Flexibilität des Arbeitskräfteeinsatzes wird durch die familiären und betrieblichen Zeitbedarfe beeinflusst. So erfordern Entlastungen für die Familie gleichzeitig die Bereitschaft, kurzfristig und flexibel für den Betrieb verfügbar zu sein: Schichtarbeit, Arbeit am Wochenende und an Feiertagen, Mehrarbeit, Freistellungen aufgrund von Erkrankungen eines Kindes oder der Betreuungsperson, Regelungen des Wiedereinstiegs in den Beruf nach der Familienphase, aber auch regionale Versetzungen, längere Dienstreisen oder Auslandsaufenthalte und Weiterbildungsaktivitäten außerhalb der Arbeitszeit. So ist das betrieblich unterstützte Projekt Kids & Co. der Commerzbank AG eine passende Antwort auf gesellschaftliche Rahmenbedingungen in der Wissensgesellschaft zu werten, um moderne Strukturen für eine bessere Vereinbarkeit von Familie und Beruf herzustellen (Seehausen 2000; 2002).

3. Zur sozialpädagogischen Qualität von betrieblich geförderter Kinderbetreuung

Seit Anfang der 90er Jahre steht die sozialpädagogische Qualität von Kinderbetreuungseinrichtungen von allem im Kontext eines bedarfsgerechten, an die regionale Infrastruktur angepassten und allen Altersstufen und unterschiedlichen Lebenslagen entsprechenden Angebots im Mittelpunkt der Diskussion (Deutsches Jugendinstitut 1994). Dabei wurde die Forderung aufgestellt, „neue Modelle" der betrieblichen Kinderbetreuung zu entwickeln, „die die unterschiedlichen Zeitstrukturen von Schule, Arbeit und Familie in angemessener Weise aufeinander beziehen" (BMJFFG 1990, S. 41). Darüber hinaus wurde eine Reihe von Aspekten benannt, nach denen auch die Qualität von betriebsnahen Kinderbetreuungsangeboten betrachtet werden sollten.

Hierzu zählen u. a.
- Wahl des Standorts: Betriebsnahe und wohnortnahe Kinderbetreuung;
- Soziale Mischung von Betriebs- und Stadtteilkindern;
- Angebotsvielfalt von Betreuungszeiten und offener Kindergarten;
- Altersübergreifende Angebotspalette;
- Elternöffentlichkeit und Selbsttätigkeit;
- eine bedarfsgerechte Planung von Kinderbetreuungsangeboten (Hagemann/Seehausen 1999, 59-76).

Wahl des Standortes: Betriebsnahe und wohnortnahe Kinderbetreuung
Eltern wählen betriebsnahe Einrichtungen vor allem dann, wenn das wohnortnahe Angebot nicht dem Bedarf entspricht. Dies gilt häufig für die Betreuung von Kindern unter drei Jahren und für arbeitszeitkompatible Öffnungszeiten. Schließt ein Betrieb hier mit seinem Angebot eine bestehende Lücke im kommunalen Angebot, nehmen Eltern dies gerne an.

Der Anspruch der Jugendhilfe besteht in der Forderung, dass Kinder in wohnungsnahen Lern- und Handlungsräumen aufwachsen sollen. Bei betriebsnahen Einrichtungen werden als Gefahren gesehen:

- die seelisch-körperlichen Belastungen durch die langen Anfahrtswege vom Wohnort zur Tageseinrichtung,
- der Verlust von Kontakten und Freundschaften aus dem Wohngebiet,
- die Isoliertheit außerhalb der Betreuungszeiten der Einrichtungen.

Die betroffenen Eltern schätzen die betriebliche Nähe der Kinderbetreuung für die Kinder und für sich selbst positiv ein. Sie betonen die Konstanz von Bezugspersonen und -gruppen, die Zeitersparnis durch das Wegfallen zusätzlicher Wege, verweisen auf die Erfahrungen bei kurzfristig anfallenden Problemen und gewinnen der längeren gemeinsamen Anfahrtszeit mit den Kindern zahlreiche gute Seiten ab. Die Trennung in zwei Spiel-Welten wird von den Eltern und Erziehern/Erzieherinnen grundsätzlich nicht als negativ für die Entwicklung ihres Kindes empfunden (Burbach 1997; Seehausen/Urban 1997; Castens/Seehausen 1997).

Schwieriger gestaltet es sich, wenn ein Schuleintritt bevorsteht. Hier wird oft seitens der Eltern die wohnortnahe Lösung bevorzugt, um dem Kind die Entwicklung von stabilen sozialen Beziehungen im unmittelbaren Wohnumfeld und selbstständiges Agieren in einer vertrauten Umgebung zu ermöglichen. Forschung und Praxis konnten in den letzten Jahren zeigen, dass Kinder, bei entsprechender pädagogischer Begleitung in einem betriebsnahen Hort, auch an zwei Orten beständige Kontakte aufbauen konnten. Eine Berücksichtigung des sozialpädagogischen Plädoyers für die wohnortnahe Lösung (geringeres Unfallrisiko, Identifikation mit dem Quartier, Kontinuität der sozialen Kontakte im Wohnumfeld etc.) und ggf. gezielte Differenzierung der mit betrieblichen Unterstützung für ‚beide Schienen' käme hierbei sicherlich allen Beteiligten zugute.

Die Mitarbeiterkinder finden an beiden Orten Spielfreunde und entwickeln verlässliche Kontakte. Eltern und pädagogisches Personal sehen keine gravierenden Unterschiede in der Persönlichkeitsentwicklung zwischen Stadtteilkindern und Mitarbeiterkindern. Aber: Eltern plädieren mit Einschulung ihres Kindes für eine wohnortnahe Betreuung, damit eine altersgemäße Integration in der Nachbarschaft erfolgen kann.

Soziale Mischung von Betriebs- und Stadtteilkindern
In einigen Großstädten sind durch Magistratsbeschlüsse Öffnungen von betriebsnahen Kindertagesstätten für „Stadtteilkinder" beschlossen worden, wenn der Träger kommunale Zuwendungen erhalten will. In Frankfurt am Main werden diese Zuwendungen gestaffelt nach dem Umfang der Öffnung für „Stadtteilkinder".

Die Frage der ‚sozialen Mischung' in Betriebskindergärten muss auch vor dem Hintergrund des Rechtsanspruchs auf einen Kindergartenplatz und der Probleme, die Kommunen mit seiner umfassenden Umsetzung haben, gesehen werden. Betriebliche Einrichtungen werden in aller Regel eher von großen Betrieben realisiert, in denen auch die Arbeitnehmervertretung dezidiert darauf achtet, dass alle Arbeitnehmern und Arbeitnehmerinnen in ausgewogener Weise bei einer Platzvergabe berücksichtigt werden. Zudem werden pädagogisches Konzept und professionelle Kompetenz des Personals sehr gefordert, wenn sowohl auf die Erfordernisse der kindlichen Entwicklung in der unmittelbaren Nachbarschaft als auch Pendlersituationen der Eltern eingegangen werden muss. Von einer kategorischen Forderung nach einer Öffnung zum Stadtteil sollte eher abgesehen werden, denn jüngste eigene Umfragen zeigen, dass es beide Formen gibt: eine Öffnung schon dann oft praktiziert wird, wenn Betriebsplätze nicht genutzt werden, aber Bedarf vorhanden ist.

Bei einer sozialen Mischung von „Betriebs- und Stadtteilkindern" entwickelt das Fachpersonal eine zweifache Sicht des pädagogischen Konzepts: Es bezieht sich einerseits auf die Lebenssituation der Pendlerfamilien und andererseits auf die Situation der in der Nachbarschaft lebenden Familien. Ein auf diese unterschiedliche Lebenswelten abgestimmtes pädagogisches Konzept erfordert hohe professionelle Kompetenzen des Fachpersonals, will sie beiden Gruppen gerecht werden.

Angebotsvielfalt von Betreuungszeiten und offener Kindergarten
Die „Zeitfrage" markiert den zentralen Schnittpunkt verschiedener Lebensfelder. Moderne Arbeitszeitflexibilisierung greift unmittelbar in das Familienleben und in die Betreuungsformen der öffentlichen Kinderbetreuung ein und prägt ihnen ihren unmissverständlichen Stempel auf.

Die Öffnungszeiten eines Betreuungsangebotes sind in einem unmittelbaren Zusammenhang mit den Arbeitszeiten erwerbstätiger Eltern zu sehen. Da die Arbeitszeiten immer häufiger verändert werden, sind auch die Öffnungszeiten der Einrichtungen in regelmäßigen Zeitintervallen durch Befragungen der Eltern zu überprüfen.

Die betrieblich unterstützte Kinderbetreuung berücksichtigt die Zeitfrage in besonderer Weise. Es existieren lange und variable Öffnungs- und Betreuungszeiten, die in der Regel mit den flexiblen Arbeitszeiten der beteiligten Unternehmen korrespondieren. Die „Zeitbrücken", verstanden als betriebliche Angebote für Arbeitszeitbedürfnisse von Eltern und bewegliche Betreuungszeiten in den Kindertageseinrichtungen, sollen die täglichen Stresssituationen abmildern und mehr Zeit für das Zusammenleben mit den Kindern ermöglichen.

Mütter und Väter benötigen flexible Arbeits- und Betreuungszeiten, um für die Überraschungen und Wechselfälle des Familienlebens gewappnet zu sein (Rühl/Seehausen 1999, S. 77-98).

Die innovativen Verbundlösungen betrieblich geförderter Kinderbetreuung ermöglichen mehr Zeit für das Zusammenleben zwischen Eltern und Kindern. Eltern nutzen den Zeitgewinn für gemeinsame Spielaktivitäten mit ihren Kindern, insbesondere dann, wenn Erzieherinnen und Erzieher Anregungen zur kreativen Spielfähigkeit von Erwachsenen und Kindern beitragen.

Die Möglichkeiten selbstbestimmter Arbeitszeiteinteilung von Eltern haben sich im Vergleich zu früheren Zeiten erhöht. Flexible Teilzeitarbeit und Schichtarbeit, Gleitzeit und Zeitkonten, Langzeiturlaub, die Vielfalt des Jobsharing, Telearbeit zu Hause, individuelle Absprachen am Arbeitsplatz, gesetzlich verankerte Elternzeit (um nur einige zu nennen) tragen wesentlich zum Abbau der Zeitnot bei und bieten Möglichkeiten einer Zeitsouveränität für junge Eltern.
Andererseits führt die Auflösung der Normalarbeitszeit zu einem Mehr an Wochenendarbeit, tarifrechtlich vereinbarte Arbeitszeitkorridore führen zu Arbeitszeit auf Abruf, die die Stabilität des Tages- und Wochenrhythmus der Familie infrage stellen.

Eltern wünschen sich mehr Möglichkeiten selbstbestimmter Arbeitszeiteinteilung, vor allem im Bereich der oft zermürbenden Schicht- und Nachtarbeit. Lange und variable Betreuungszeiten, das heißt vielerorts neun bis elf Stunden Öffnungszeiten, wie Dreiviertel-, Zweidrittel- und Halbtagsplätze, Samstagsbetreuung reduzieren die in vielen Regeleinrichtungen anzutreffenden Zeitkonflikte zwischen Erziehern/Erzieherinnen und Müttern.

In diesem Zusammenhang stellt die Betreuungsform des Platz-Sharing eine spezifische sozialpädagogische Antwort auf die strukturellen Anforderungen variabler Teilzeiten dar (Gerzer-Sass 1994, 235-254).
Die Ausdifferenzierung von Öffnungszeiten stellt die pädagogische Frage nach veränderten Gruppenzusammensetzungen. Aus den Beobachtungen der Kinder und den Interviews der befragten Erzieherinnen und Erzieher gelangen wir zu folgender kinderpsychologischer Schlussfolgerung: Kinder benötigen zwar eine bestimmte Kontinuität und Erfahrung mit stabilen sozialen Gruppierungen, dies schließt jedoch das Zusammenleben in offenen Gruppen mit wechselnden Spielfreunden nicht aus. Im Gegenteil: Verschiedene Bring- und Abholzeiten ermöglichen vielfältige Erfahrungen mit neuen Gruppenkonstellationen.

Die Fähigkeiten von Kindern, sich neuen und oft schwierigen Situationen zu stellen, sind weit größer, als sie von Erwachsenen eingeschätzt werden. Die Forderung nach möglichst weitgehender Kontinuität auf allen Ebenen kann daher nicht als Idealkonzeption gelten. Es ist zweifellos anzustreben, zumindest einige der wichtigen Faktoren konstant zu halten und gleitende Übergänge zu ermöglichen. Aber die Konstanz aller oder zu vieler Bedingungen wäre für das Kind im Sinne neuer Erfahrungsmöglichkeiten sogar hinderlich.

Bemerkenswerterweise verändert sich mit einem arbeitszeitorientierten Betreuungsangebot auch das pädagogische Selbstverständnis von Erzieherinnen und Erziehern: es entwickelt sich eine differenzierte und individuellere Wahrnehmung von Familienrealitäten, Kindern und Eltern und ein Mehr an Kommunikation und Kooperation im Team wie auch mit den Familien. Auch als Konsequenz hieraus haben sich offenere Konzepte entwickelt, die Möglichkeiten für ein autonomes Spiel, z. B. in kleinen Gruppen wie auch Rückzugsmöglichkeiten bieten. Wesentlicher Bestandteil dieser Konzepte sind die Erfüllung des Bildungsauftrags von Kinderbetreuungseinrichtungen und das Eingehen auf einzelne Kinder.

Täglich verlängerte und auch ganzjährige Öffnungszeiten unter Wahrung oder Verbesserung der sozialpädagogischen Qualität – im Interesse von Kindern, Eltern und Unternehmen – sind in der Regel mit Mehrkosten verbunden, die z. B. durch betriebliche Zuwendungen abgedeckt werden können. Um bedarfsgerechte Öffnungszeiten mit einer Flexibilisierung in der Anwesenheit der Kinder sowie den persönlichen Zeitrhythmen und -präferenzen der Erzieherinnen und Erziehern in Einklang zu bringen, bedarf es eines differenzierten Personaleinsatzmanagements (vgl. Colberg-Schrader/Krug 1999, 143-163). Dies kann unterstützt werden durch eine Altersmischung in Teams, wodurch zugleich ein größerer Erfahrungsreichtum gegeben ist.

Altersübergreifende Angebotspalette
Dem zunehmenden Trend einer früheren Wiederaufnahme der Erwerbstätigkeit von Müttern (vgl. Sass/Jaeckel 1996) auch mit institutionellen Betreuungsangeboten Rechnung zu tragen, müssen sich zukünftig mehr der bestehenden Einrichtungen öffnen. Von einer wachsenden Zahl von Trägern wird daher das Konzept des „Kinderhaus" unterstützt: Je mehr Jahrgänge in einer Tageseinrichtung betreut werden, desto größer ist die Kontinuität für die Kinder selbst, desto höher ist die Planungssicherheit für die Familien, die Betriebe, die Einrichtungsträger und die Erzieherinnen und Erzieher. Es zeichnet sich zudem ab, dass die Nachfrage nach derartigen Einrichtungen wächst

und diese weniger von Schließungen bedroht sind als traditionelle Regelkindergärten (vgl. Haberkorn 1994; Kebbe 1995).

Ein weiterer Begründungszusammenhang für neue Formen der Altersmischung liegt insbesondere in der Unterstützung von elementaren Sozialerfahrungen. Die befragten Eltern betonen das günstige soziale Klima und die vielen pädagogischen Vorteile der erweiterten Altersmischung.

Die betriebliche Förderung der Betreuung von kleineren Kindern ist auch in der Jugendhilfe nicht unumstritten. Allerdings scheint die Akzeptanz der institutionellen Betreuung von Kleinkindern unter dem Vorzeichen ‚Kinderhaus' und/oder ‚Familiengruppe' zuzunehmen, da es dem Wunsch vieler Eltern nach baldiger Teilzeiterwerbstätigkeit, der Möglichkeit der Aufstockung von Arbeitszeit und der Mitbetreuung von Geschwisterkindern entgegenkommt.

Teilweise noch ‚in den Kinderschuhen' stecken Ansätze der Kooperation von Kindertages-stätten mit flexiblen und ergänzenden Angeboten wie Eltern-Kind-Gruppen und Tagespflege. Diese bieten jedoch zum einen Gelegenheiten, mit anderen Müttern, Vätern und Kindern in Kontakt zu kommen, und zum anderen stellen sie eine ideale Ergänzung zu Kindertagesstätten dar. Verbundmodelle bieten daher für Eltern-Kind-Gruppen die Chance einer optimalen Nutzung von (räumlichen) Ressourcen, eines für alle bruchlosen Übergangs und für die Tagespflege die Möglichkeit einer qualifizierten Fachberatung und einer öffentlichen Anlaufstelle sowie einer Professionalisierung und Stabilisierung (Erler 1996).

Elternöffentlichkeit und Selbsttätigkeit

Das Angebot der betrieblich unterstützten Elterninitiativen enthält eine wichtige sozialpolitische Perspektive: Eltern anzustiften zum „Sich-Einmischen" (BMJFFG 1990, S.78ff). Die von den Betrieben unterstützte Selbsttätigkeit und Eigenverantwortung gewinnt an Bedeutung für das Gemeinwesen. Es regt wichtige Impulse zur Förderung von Selbsthilfe und Familiennetzwerken an. Die beschleunigte Entwicklung neuer Technologien wird weitere Arbeitsersparnisse und Zeitgewinne hervorbringen, die für die Bildung des örtlichen und regionalen Humanvermögens eine wichtige Grundlage darstellen werden (vgl. BMFuS 1994).

Die Zusammenarbeit von Laien aus dem Familien-Selbsthilfebereich und den professionellen Kräften der Tageseinrichtungen für Kinder eröffnet die Chance vielfältiger Formen von Betreuungsmöglichkeiten und Entlastungsangeboten für Familien. Diese Mischformen zwischen Institutionen, Selbsthilfe und Elternöffentlichkeit sind als Ergänzung und Anregung für das vorhandenen Angebot von Kinderbetreuung zu sehen (Gerzer-Sass 1994).

Die damit verbundenen Kontinuitätserfahrungen werden von den beteiligten Personen hoch bewertet. Dies gilt insbesondere mit Blick auf die Konstanz von Familienbeziehungen und die Auswirkungen auf die Qualität der Atmosphäre am Arbeitsplatz. Nicht selten sind dichte, eng geknüpfte Netze entstanden, in denen gemeinschaftliche Interessen zwischen Familien bedeutsam geworden sind.

Aber auch weitmaschige, locker verbundene Beziehungen existieren, in denen eher individuelle Interessen von Kindern und Eltern im Vordergrund stehen. Damit werden wichtige Voraussetzungen für soziale Kontakt- und Beziehungsnetzwerke der Familien untereinander hergestellt und unterstützt. Kindertageseinrichtungen als Nachbarschaftszentren mit breit gestreuten Angeboten und Unterstützungsleistungen sind ein richtungsweisendes Konzept dafür, Verbindungen zwischen professionellen sozialen Dienstleistungen und nachbarschaftlichen und betrieblichen Hilfeleistungen anzubahnen.
Eltern werden mit Unterstützung und Rückenstärkung der Unternehmen am Wohnort aktiv und mischen sich dort mit neuen Ideen in die Jugendhilfelandschaft ein.
Die Experimentierbereitschaft bei der Gestaltung vielfältiger Betreuungsangebote junger Eltern steigt an, wenn Betriebe materielle und immaterielle Ressourcen zur Verfügung stellen.

Die Frage, inwieweit die in den betrieblich unterstützten Elterninitiativen erworbenen sozialen Kompetenzen die Umstrukturierungsprozesse in der Arbeitswelt beeinflussen, wird von Vorgesetzten und Eltern als positiv eingeschätzt (Seehausen/Urban 1997).

Sehr deutlich hat sich in den letzten Jahren gezeigt, dass die Konzeption und Organisation von Kinderbetreuungsangeboten besonders gut gelingt, wenn Eltern einbezogen werden. Die konsequenteste Form ist die Ermutigung zur Gründung und Unterstützung von Elterninitiativen: materielle und immaterielle Hilfe wie z. B. geeignete Räume und Spenden in der Startphase aber auch als Zuschuss zu den Betriebskosten, damit die finanziellen Belastung der Eltern nicht überproportional wird. So verändern betrieblich geförderte Elterninitiativen mit Kinderbetreuungsangeboten auch die Trägerlandschaft. Als Träger zumeist einzelner Einrichtungen mit durchschnittlich weniger Plätzen als bei Regeleinrichtungen sind sie geeignet, Lücken im Betreuungsangebot von Kommunen zu schließen.

Aber auch die Kooperation von kommunaler Jugendhilfe, Trägern der freien Jugendhilfe und Unternehmen in Verbindung mit einer intensiven Erkundung von familiären Lebensumständen (z. B. im Rahmen von Eltern(-Kunden-)Befragungen und klassischer Bedarfsermittlung) wird zunehmend und effektiv für Konzeption und Weiterentwicklung von Kinderbetreuungsangeboten genutzt. Der Aufbau vertrauensvoller, kontinuierlicher Beziehungen zu den Eltern und der Eltern untereinander wird von den beteiligten Familien geschätzt. Diese positive Bewertung durch die Eltern bezieht sich vor allem auf die Konstanz von Familienkontakten am Ort. Eltern wünschen sich die Weiterentwicklung von „Orte für Kinder" zu einem „Orte für Familien" (Seehausen 1995).

In diesem Zusammenhang sind auch verstärkt Tendenzen dahingehend auszumachen, dass unter Wahrung und sogar Verbesserung sozialpädagogischer Qualitätsstandards die Zusammenarbeit von Laien und Fachkräften mit dem Effekt des Zusammenführens unterschiedlicher Kompetenzen und Qualifikationen erfolgt; z. B. können Laien-Eltern durchaus als Experten in bestimmten Bereichen Bildungs- und Spielangebote für Kinder entwickeln, die über die Schwerpunkte der Erzieher und Erzieherinnen hinausgehen (Gerzer-Sass 1994).

Bemerkenswert ist, dass Vertreterinnen und Vertreter der Managementpsychologie und -entwicklung für eine betriebliche Förderung von „lokalen Identitäten" plädieren, um damit Grundlagen eines inneren Gleichgewichts zwischen Familie, Arbeit und Gemeinwesen zu erreichen. So spricht sich Charles Handy für die Entwicklung eines Zusammengehörigkeitsgefühls aus, gefördert von kommunalen Einrichtungen, das sich direkt auf den modernen Arbeitsplatz auswirken wird. Er sieht die Gefahr, dass der Arbeitsplatz zu einem Bezugspunkt wird, „der sehr stark isolierend wirkt, indem er die gesamte Zeit und Energie der Beschäftigten auffrisst und sie von der sie umgebenden Gesellschaft isoliert" (Handy 1995, S. 248).

Bedarfsgerechte Planung von Kinderbetreuungsangeboten
Die sozialpädagogische Qualität betrieblich geförderter Kinderbetreuungsangebote wird wesentlich durch die Planung, den Einsatz und die Auswertung angemessener Fragebögen für die Bedarfsermittlung gefördert, ehe der Träger seine Planungsverantwortung übernimmt. Die Initiative zur Befragung erfolgt häufig über Frauen- bzw. Gleichstellungsbeauftragte, Personal- bzw. Betriebsräte oder Vertreter des Personalmanagements, aber auch erwerbstätige Eltern selbst. Nicht selten erfolgt die Befragung in enger Kooperation zwischen den hier genannten beteiligten Gruppen.

Folgende thematische Fragekreise sind in der Regel Gegenstand der Elternbefragung:
- Familien- und Haushaltsstrukturen,
- aktuelle Kinderbetreuungssituation,
- Kinderbetreuungswünsche der Eltern,
- Erfahrungen mit dem betrieblichen Angebot,
- Standortfrage der Betreuungseinrichtung,
- akzeptierte Höhe des Elternbeitrages,
- mögliche Auswirkungen in Familien und am Arbeitsplatz,
- Bewertung der örtlichen Infrastruktur für Kinder und Familien.

Das zuständige Jugendamt hat nach § 79 KJHG die Gesamtverantwortung für die Grundausstattung mit Kinderbetreuung. Dort sind auch die relevanten Planungsunterlagen auf Kommunal- bzw. Landesebene vorhanden. In diesem Sinn hat es auch eine Moderationsfunktion für alle an der Angebotsgestaltung beteiligten Gruppen (vgl. Hagemann/Ledig 1994). Nach § 80 KJHG soll die Jugendhilfeplanung u. a. auch in Zusammenarbeit mit Einrichtungen der beruflichen Aus- und Weiterbildung und den Stellen der Bundesanstalt für Arbeit sowie der Industrie- und Handelskammer und der Handwerkskammer erfolgen.

Die aktive Beteiligung von beschäftigten Eltern an der Entwicklung des Fragebogens hat sich als sinnvoll erwiesen, da es immer wieder eine enge Beziehung zwischen Arbeitszusammenhängen und Betreuungsbedarf gibt. Die Verantwortungsübernahme von Eltern bei der Mitgestaltung der Tageseinrichtung wächst, wenn Eltern(-beiräte) als Lobby für ihre Kinder betrachtet und befragt werden. Die Förderung der Selbsthilfekräfte von Familien ermöglicht einen flexibel nutzbaren Betreuungsrahmen, innerhalb dessen Eltern wählen können. Die gemeinsame Wahrnehmung von unterschiedlichen Familienrealitäten und Bedarfe durch Fachkräfte und Personalverantwortliche unterstützt eine Balance zwischen Privatleben und Beruf und lässt die Eltern nicht mehr als Bittsteller auftreten.

4. Modelle betrieblichen Engagements

Seit Anfang der 90er Jahre sind eine Vielfalt von Organisationsmodellen betrieblich unterstützter Kinderbetreuung entstanden. Die Lücken der öffentlichen Kinderbetreuung fordern eine neuartige Zusammenarbeit zwischen Betrieben, Kommunen, Verbänden und Eltern heraus. Die Betriebe suchen – unter den o. g. wirtschaftlichen Aspekten – innovative Verbundlösungen gemeinsam mit der Jugendhilfe, um Lösungen für die unterschiedlichen regionalen Bedarfe zu entwickeln. Wir beobachten eine neue Vielfalt von Konzepten, sowohl hinsichtlich der Trägerschaften als auch der Finanzierungsmodelle und der Angebote.

Wir stellen eine Reihe unterschiedlicher Modelle der betrieblichen Förderung von Kinderbetreuung vor. Diese Modelle plädieren für eine bedarfsgerechte Gestaltung und Betreuung an verschiedenen Betreuungsorten. Zahlreiche Projekte gehen von folgenden praxisbezogenen Kriterien aus:
- Öffnungszeiten von 7.00 bis 17.30 Uhr, ganzjähriges Betreuungsangebot ohne Unterbrechung durch Schulferien
- Betreuungsmöglichkeiten für Kinder von einem bis zwölf Jahren
- Wohnortnahe oder/und betriebsnahe Standorte zur Vermeidung langer Wegezeiten für Eltern und Kinder
- Möglichkeiten zu kurzfristiger und vorübergehender Notaufnahme
- Anbindung des Konzepts an die aktuelle sozialpädagogische Diskussion.

Hierbei haben sich unterschiedliche Organisationsmodelle von betrieblich unterstützter Kinderbetreuung herauskristallisiert:
- Betriebseigene Kindertageseinrichtung
- Betriebliche Beteiligung an einer Stadtteil-Kita
- Förderung einer Elterninitiative
- Überbetriebliche Kooperation mehrerer Unternehmen
- Finanzierung von Belegplätzen in bestehenden Einrichtungen
- Betreuung in besonderen Situationen
- Information/Beratung/Vermittlung
- Angebotserweiternde Maßnahmen.

Wir haben in einer Reihe von Veröffentlichungen die Vielfalt dieser Organisationsmodelle mit ihren unterschiedlichen Merkmalen beschrieben und analysiert. Dabei nahmen vor allem folgende Faktoren einen wichtigen Stellenwert ein:
- Trägerschaft
- Einflussnahme des Betriebes
- Organisatorischer Aufwand für den Betrieb
- Kosten- und Nutzenanalyse
- Kinderbetreuungsbedarf und Realisierungsgrad
- Standortfrage
- Vorteile für das Unternehmen
- Vorteile für die Beschäftigten
- Vorteile für die Kommunen

(vgl. u. a. Busch/Dörfler/Seehausen 1991; Seehausen 1990;1994;1996; Hagemann/Kreß/Seehausen 1999; Seehausen 2000; Seehausen/Wüst 2002. In Kooperation mit Elena de Graat ist 2002 im Auftrage des Bundesfamilienministeriums eine Handreichung für Unternehmen und Kommunen erstellt worden, die kurz vor der Veröffentlichung steht).

Das Modell: Betriebseigene Kindertageseinrichtung
Der klassische Betriebskindergarten dient ausschließlich der Betreuung von Mitarbeiter- und Mitarbeiterinnen-Kindern. Das Unternehmen ist Träger der Kindertagesstätte und stellt pädagogische Fachkräfte ein. Die Betriebserlaubnis wird aufgrund der länderspezifischen Vorgaben und Standards erteilt, in der Regel von der Jugendbehörde. Eine inhaltlich-konzeptionelle Unterstützung kann durch das örtliche Jugendamt oder externe Personen sichergestellt werden. Für die Einrichtung selbst ist zumeist die betriebliche Sozial- und Personalabteilung des Unternehmens zuständig.
In den letzten Jahren haben sich neue Organisationsformen für betriebseigene Kindereinrichtungen entwickelt, bei denen die Trägerschaft an einen anerkannten Jugendhilfeträger übergeben wird.

Interessante innovative Beispiele:
- Kinderhaus Kiwi der Wintershall AG in Kassel – Träger: Gesellschaft zur Förderung von Kinderbetreuung e. V., GFK
- Kindertagesstätte der Merck AG in Darmstadt – Träger: Merck`scher Kindertagesstätten-Verein e. V.
- Kindertagesstätte der Kreditanstalt für Wiederaufbau in Frankfurt – Träger: Kreditanstalt für Wiederaufbau

Das Modell: Betriebliche Beteiligung an „Kita" im Stadtteil
Die betriebliche Beteiligung an einer Stadtteil-Kita ist vor allem die dauerhafte Kooperation mit einem Träger bei gleichzeitiger Öffnung für Kinder aus dem unmittelbaren Umfeld. Dieses Organisationsmodell führt oft zu neuen Platzkapazitäten. Die Betriebe sind häufig von Anfang an in Planung und Bau der Kindertagesstätte einbezogen und engagieren sich z. B. durch die Bereitstellung von Immobilien (z. B. Grundstück, Gebäude, Außenfläche) und durch die Übernahme von Betriebs- bzw. Personalkosten. Die Gründungsinitiative geht nicht selten von den Unternehmen und Beschäftigten aus. Aufgrund dieses Engagements erhält das Unternehmen das Recht, anteilig Plätze für Kinder von Mitarbeitern und Mitarbeiterinnen zu besetzen. Die Trägerschaft liegt in der Regel in den Händen eines freien oder kommunalen Trägers. Diese Betreuungseinrichtung liegt in Betriebsnähe. Vertragliche Regelungen bestimmen die wechselseitigen Leistungen.

Interessante innovative Beispiele:
- Kindertagesstätte beim Hessischen Rundfunk in Frankfurt – Träger: Gesellschaft zu Förderung betriebsnaher Kinderbetreuung e. V.
- Vaude Kinderhaus der Vaude Sport GmbH & Co. KG mit der Stadt Tettnang/Oberschwaben – Träger: Vaude Sport GmbH & Co. KG

Das Modell: Förderung von Elterninitiativen
Bei der betrieblichen Förderung einer Elterninitiative ist der Träger einer Betreuungseinrichtung immer ein eingetragener Verein, der sich in der Regel zu einem großen Teil aus Eltern der Kinder zusammensetzt, die in der Einrichtung betreut werden. Dieser Elternverein tritt als freier Träger der Jugendhilfe bei allen Verhandlungen und als Vertragspartner auf. Für die zur Beantragung von öffentlichen Geldern erforderliche Anerkennung als freier Träger der Jugendhilfe bedarf es darüber hinaus vor allem der Öffnung der Einrichtung auch für Nichtmitarbeiter-Kinder und eines Antrages an das örtliche Jugendamt. Das Modell wird von sehr unterschiedlichen Gruppen favorisiert: Sehr oft sind engagierte betroffene Eltern die Initiatoren des Vereins. Auffällig ist neuerdings, dass Wirtschaftsjunioren mit Eltern und Arbeitsamt aus der Kooperation dieses Organisationsmodell bevorzugen.

Interessante innovative Beispiele:
- Kindertagesstätte „Kleine Stromer" e. V. in Kooperation mit der Energie-Aktiengesellschaft Mitteldeutschland in Kassel – Träger: Elterninitiative „Kleine Stromer" e. V.
- „Die kunterbunte Kinderkiste e. V." in Kooperation mit Dräger Werke AG in Lübeck – Träger: Elternverein „Kunterbunte Kinderkiste" e. V.

Das Modell: Überbetriebliche Kooperation mehrerer Unternehmen
Dieses Modell zeichnet sich durch die Kooperation von mehreren Unternehmen aus, die an einem Standort gemeinsam und anteilig eine Kindertagesstätte finanzieren. Die betrieblichen Initiatoren gründen in der Regel einen pädagogischen Verein, der die Trägerschaft übernimmt. Nicht selten schließen sich engagierte Personen aus Dienstleistungsunternehmen verschiedener Branchen zusammen (vgl. „Die Wichtel", Heidelberg). Das trifft insbesondere auch für sehr viele kleine und mittelständische Unternehmen zu (vgl. Junior Welt e. V. Velbert und Regenbogen Kinderbetreuung e. V., Iserlohn). Die Unternehmen unterstützen die Einrichtung mit regelmäßigen Zahlungen, Spenden und häufig mit einem Investitionskostenzuschuss. Je nach Absprachen zwischen den Unternehmen und dem Jugendamt werden auch Kinder aus dem benachbarten Wohngebiet aufgenommen.

Innovative Beispiele:
- Junior Welt e. V. in Kooperation mit 16 kleineren Unternehmen und Stadt in Velbert – Träger: „Junior Welt" e. V.
- Kindertagesheim Hünefeldstrasse e. V. mit vier Firmen unterschiedlicher Branchen

Das Modell: Finanzierung von Belegplätzen in bestehenden Einrichtungen
Unternehmen legen mit dem Einrichtungsträger einer oder mehrerer Kindertagesstätten die Bereitstellung und Reservierung einer bestimmten Anzahl von Betreuungsplätzen fest. Nicht selten beabsichtigen die Träger, über die Kooperation mit einem oder mehreren Betrieben neue Platzkapazitäten zu schaffen. Jedoch können Kooperationen sich auch an bestehenden Betreuungskapazitäten ausrichten. Der Träger erhält als Gegenleistung vom Betrieb eine Förderung in unterschiedlicher Art. Beim AWO-Projekt in Kiel geben die Unternehmen z. B. pro Betreuungsplatz einen Zuschuss zu den Investitionskosten. Eine solche Förderung kann aber auch als monatlicher oder jährlicher Anteil an den Betriebs- und Personalkosten erfolgen. Geld- oder Sachspenden (z. B. zur Gestaltung des Außengeländes oder der Küche) oder die Kostenübernahme für Dienstleistungen (Mittagessen aus der Kantine) oder Miete sind andere Formen der Unterstützungsleistung. Belegplätze in Tageseinrichtungen gibt es sowohl in Kooperation mit kommunalen als auch mit freien Trägern von Einrichtungen.

Innovative Beispiele:
- Arbeiterwohlfahrt im Verbund mit vier Unternehmen in Kiel
- Kinderhaus Kipf e. V. mit Wella AG und Wendeln-Brot-Süd-West und Stadt in Pfungstadt bei Darmstadt – Träger: Kindertagesstätten Pfungstadt. e. V.
- Kita im Columbuscenter mit Alfred-Wegener-Institut in Bremerhaven – Träger: Stadtgemeinde Bremerhaven, Amt für Jugend.
- Evangelisches Kindertagesheim in Pfullendorf mit der Firma Gerberit – Träger: Ev. Kirchengemeinde Pfullendorf

Das Modell: Betreuung in besonderen Situationen
Unternehmen bieten zunehmend ihren Mitarbeitern und Mitarbeiterinnen betrieblich unterstützte oder ganzfinanzierte Betreuungsplätze für Ausnahme-, Notfälle und für außergewöhnlichen Betreuungsbedarf an. Selbst bei den in der Bundesrepublik bisher noch nicht sehr zahlreichen Angeboten dieser Art variiert die organisatorische Konstruktion erheblich. So hält eine vollkommen betriebseigene oder von einem Teilbereich des Betriebes getragene Einrichtung konstant für eine bestimmte Platzzahl vor (Ford-Pänz, Köln; s. u.). Oder ein freier Träger erhält ein Budget, um für ein Unterneh-

men eine bestimmte Anzahl von Ausnahmebetreuungsplätzen kontinuierlich bereitzustellen (Kids & Co der Commerzbank, Frankfurt). Oder eine sehr flexible Betreuungseinrichtung verkauft an Unternehmen ‚Notbetreuungskontingente'– z. B. 50, 100 oder mehr Tage/Jahr, die dann von unterschiedlichen Kindern tageweise in Anspruch genommen werden (pme Familienservice, Frankfurt; Kinderinsel, Berlin). In allen diesen Fällen werden so Mitarbeiter- und Mitarbeiterinnen-Kinder für einige Stunden, einen oder auch wenige Tage in einer kindgerechten Einrichtung von ausgebildeten Fachkräften betreut. Bei dieser Art der Betreuung wird ein größeres Gewicht auf eine pädagogisch orientierte ‚Animation' gelegt. Dies schließt durchaus auch kurzfristige, individuell fördernde Ansätze ein.

Innovatives Beispiel:
- Kids & Co. Kinderhaus der Commerzbank AG in Frankfurt – Träger: Familienservice Frankfurt.

Das Modell: Beratung/Information/Vermittlung
Unterschiedliche Organisationen bieten Unternehmen Beratungs-, Informations- und Vermittlungs-Dienstleistungen in Fragen von Kinderbetreuungsangeboten an. Die Trägerschaft ist vielfältig: Vereine, Mütterzentren, Träger der Wohlfahrtspflege aber auch privatwirtschaftlich ausgerichtete Unternehmen engagieren sich in diesem Feld durch ergänzende Betreuungsarrangements. Die Betreuungs-Beratung bezieht sich auf sehr unterschiedliche Aspekte der Betreuungslandschaft: Zusammentragen von Informationen über die lokale und regionale Betreuungssituation; Datenpflege auf dem aktuellen Stand; Qualifizierung und Betreuung von Tagesmüttern, Kinderfrauen und Au-pairs; Beratung von Eltern bei der Vermittlung eines passenden Betreuungsplatzes; Unterstützung des Unternehmens bei der Bedarfsanalyse, betriebsinterner und -externer Öffentlichkeitsarbeit.

Innovatives Beispiel:
- Familienservice Frankfurt.

Das Modell: Angebotserweiternde Maßnahmen
Betriebe bieten mit unterschiedlichen Partnern unkonventionelle zusätzliche Betreuungsarrangements an. Oft sind diese spezifische Antworten auf lokal passende und flexible Situationen von Eltern, und dies in Unternehmen unterschiedlichster Branchen und Größen sowie verschiedener Regionen. So erhalten erwerbstätige Eltern einen Zuschuss zu Kinderbetreuungskosten und Nachmittagsangeboten für Schulkinder (Rehazentrum Lübben), Unterstützung im ländlichen Raum bei Hol- und Bringdiensten (Kurklinik in

Bad Sulza). Oder Unternehmen fördern Tagespflegebörse (Bensheim, Wolfsburg, Hanau), indem sie z. B. Kosten für die Qualifizierung des Personals übernehmen. Zu den angebotserweiternden Maßnahmen gehören auch betriebliche Leistungen zur Gestaltung der Ferienbetreuung (Hessischer Rundfunk in Frankfurt und Ford AG in Köln). Stundenweise Betreuung, auch am Wochenende, für Kleinst- und Schulkinder durch private Kleinanbieter.

Innovatives Beispiel:
- Kiddies Parkhaus in Lübeck.

5. Betrieb und Kinderbetreuung: Resümee und Perspektiven

Die Lebenswirklichkeit von Familien im Spannungsfeld von Arbeitswelt und Kinderbetreuung befindet sich in einer gesellschaftlichen Umbruchszeit, die Neuorientierungen herausfordert. Der Weitblick für familienfreundliche und -gerechte Handlungsperspektiven wird geschärft, wenn Lösungen über das eigene eng begrenzte Arbeitsfeld angepeilt werden. Indem die Wechselwirkungen zwischen den Lebensfeldern stärker ins Blickfeld gerückt werden, entsteht eine veränderte Wahrnehmung des sozialen Umfeldes von Familien.

Den Schnittstellen von Arbeitswelt, Familie und öffentlicher Kinderbetreuung kommt sowohl in sozialpolitischer als auch in unternehmerischer Hinsicht ein wachsender Stellenwert zu. An den vielfältigen und regional unterschiedlichen Projekten lassen sich Entwicklungstrends erkennen, von denen die Eigendynamik der strukturellen Wirtschaftskrise mit ihren Auswirkungen auf Familie und öffentliche Kinderbetreuung zukünftig geprägt sein wird. So beobachten wir in einer Reihe von Modellstandorten enorme Rationalisierungsschübe mit hoher Innovationsgeschwindigkeit, die zur Ausdehnung der Schichtarbeit und neuen Arbeitszeitmodellen jenseits der Fünf-Tage-Woche führen. Die Arbeitsverdichtung nimmt zu. Unter diesen Bedingungen verschärft sich für erwerbstätige Eltern der Problemdruck in der Frage der Kinderbetreuung.

Wenn der höchste Wert im globalisierten Zeitalter Flexibilität darstellt, wenn gleichzeitig Stabilität durch feste berufliche Karriere und ein gleichbleibendes soziales Umfeld immer seltener zu finden sein werden (Sennett 1998), dann gewinnt die Frage nach der Konstanz von Eltern-Kind-Beziehungen an Bedeutung. Denn: Die ökonomische Stabilität ist ohne flexible, vertrauensvolle soziale Beziehungen nicht leistbar. Dies gilt in besonderer Weise für die Flexibilisierung von Arbeits- und Betreuungszeiten mit ihren Wechselwirkungen auf Familie, Kinderbetreuung und Arbeitswelt.

Gezielte betriebliche Familienpolitik muss also über Effizienzbetrachtungen hinausgehen. Sie benötigt als Grundvoraussetzung die Wertentscheidung der Verantwortlichen an der Spitze des Unternehmens. Das generelle Bekenntnis zur Familienorientierung gilt zukünftig als ein wichtiger Bestandteil der Unternehmenskultur (Hartz 1996, S. 43ff). In diesem Zusammenhang setzt sich die Einsicht allmählich durch, dass gleiche Chancen für Frauen und Männer gesellschaftlich und wirtschaftlich für alle vorteilhaft sind. Chancengleiche Personalpolitik und die Vereinbarkeit von Familie und Beruf tragen auch zur Überwindung der „Unsichtbarkeit" der Väter in der Familie und am Arbeitsplatz bei.

Jugendhilfeplanung und Personalmanagement werden herausgefordert, auf vielfältige Lebensstile und Familienformen mit bedarfsgerechten Zeit- und Kinderbetreuungsangeboten zu antworten. Die öffentliche Kinderbetreuung wird in der sozialpolitischen Rangskala steigen, wenn sie sich nicht an die alten familienideologischen Leitbilder klammert und Kinder nicht in pädagogische Schonräume einzäunt. Die Beantwortung der Kontinuitätsfrage hängt vor allem mit der pädagogischen Qualität der aufeinanderfolgenden Betreuungs-Orte zusammen.

Die Verbundmodelle der betrieblich geförderten Kinderbetreuung stehen grundsätzlich der gesamten Öffentlichkeit erwerbstätiger Eltern zur Verfügung. Die Handlungsfähigkeit, Benutzerfreundlichkeit, Qualitätssicherung und Kosten-Nutzen-Rechnung dieser Modelle setzt neue Standards und beeinflusst die Weiterentwicklung und Gestaltungsräume von Kindertageseinrichtungen in der Region.

Verfolgen wir gegenwärtig die Diskussion um das widersprüchliche Verhältnis von „Individualismus und Solidarität", so gewinnt die von den Betrieben unterstützte Selbsttätigkeit und Eigenverantwortung der Familie an Bedeutung für das Gemeinwesen. Die beschleunigte Entwicklung neuer Technologien wird weitere Arbeitsersparnisse und Zeitgewinne hervorbringen, die für die Bildung des örtlichen und regionalen Humanvermögens eine wichtige Grundlage darstellen. Wenn die freie Zeit gemeinschaftliche Werte befördern soll, ist es an der Zeit, dass Eltern mehr Zeit für ihre Kinder zur Verfügung gestellt wird.

Die strukturelle Rücksichtslosigkeit gegenüber Familien wird angesichts abnehmender Geburtenraten zunehmend in Frage gestellt werden. Eine wachsende Gruppe von Ökonomen äußert die Überzeugung, dass im familienfreundlichen Umbau unserer Industriegesellschaft eine der ganz großen gesamtgesellschaftlichen Herausforderungen des 21. Jahrhunderts liegt – in seinem Stellenwert durchaus vergleichbar mit der Ökologieproblematik. Dies begünstigt eine vorausschauende betriebliche Personalplanung, die dem Gesichtspunkt der Vereinbarkeit von Beruf und Familie stärker als bisher Rechnung trägt, insbesondere einer Vielfalt von Kinderbetreuungsmodellen.

Die aktuelle gesellschaftliche Frage nach der Bildungsqualität der Tageseinrichtungen für Kinder fordert uns heraus, zwischen dem „Wirtschaftsstandort Deutschland" und dem „Kinderstandort Deutschland" Brücken zu bauen, die tragfähig sind. Hierzu bedarf es nicht nur kompetenter Vermessungsspezialisten, die Brücken zwischen Familie, Jugendhilfe und Wirtschaft bauen. Vielfältige Formen des lokalen und bundesweiten Dialogs müssen im Rahmen trägerübergreifender Erwachsenenbildung neu entworfen werden.

Literatur

Bundesministerium für Familie, Senioren und Jugend (Hrsg.): Achter Jugendbericht. Bericht über Bestrebungen und Leistungen der Jugendhilfe, Bonn 1990

Bundesministerium für Familie, Senioren und Jugend (Hrsg.) : Vorstellungen für eine familienorientierte Arbeitswelt der Zukunft. Endbericht des Forschungsprojekts. Stuttgart, Berlin, Köln 1994b

Bundesministerium für Familie, Senioren und Jugend (Hrsg.) : Familienfreundliche Maßnahmen im Betrieb. Handreichung für Unternehmensleitungen, Arbeitervertretungen und Beschäftigte, Berlin 2001

Bundesministerium für Wirtschaft und Technologie/Gemeinnützige Hertie-Stiftung: Wettbewerbsvorteil Familienbewusste Personalpolitik. Bonn 2001

Bundesministerium für Familie, Senioren, Frauen und Jugend (Hrsg.): Autoren: Elena de Graat/Harald Seehausen: Betrieblich unterstützte Kinderbetreuung. Konzepte und Praxisbeispiele. Bonn 2002.

Burbach, Michael: Betriebliche Förderung von Kinderbetreuung. Das Frankfurter Modell. Organisatorische, finanzielle und rechtliche Aspekte. In: Deutsches Jugendinstitut/Regionale Arbeitsstelle Frankfurt (Hrsg.). Dokumentation. Frankfurt am Main 1997

Busch, Carola / Dörfler, Mechthild / Seehausen, Harald : Frankfurter Studie zu Modellen betriebsnaher Kinderbetreuung. 3.Auflage, Eschborn bei Frankfurt am Main, 1991a

Castens, Helga/Seehausen, Harald: „Aktion Farbkleckse" und „Die Waschbären" Hoechst AG. Evaluationsstudie. Manuskript. Frankfurt am Main 1997.

Colberg-Schrader, Hedi/Krug, Marianne: Arbeitsfeld Kindergarten: pädagogische Wege, Zukunftsentwürfe und berufliche Perspektiven. Weinheim und München 1999.

Deutsche Gesellschaft für Personalführung: Schwerpunktthema Familienfreundliche Personalpolitik, Heft 5/1997

Deutsches Jugendinstitut (Hrsg.) : Orte für Kinder – Auf der Suche nach neuen Wegen der Kinderbetreuung, München 1994

Erler, Gisela: Betriebliches Engagement in der privaten Kinderbetreuung in der Tagespflege. In Bundesministerium für Familie, Senioren, Frauen und Jugend: Kinderbetreuung in der Tagespflege. Tagesmütter-Handbuch. Bonn 1996, S.569-590

Gemeinnützige Hertie-Stiftung (Hrsg.): Mit Familie zum Unternehmenserfolg. Impulse für eine zukunftsfähige Personalpolitik, Köln 1998

Gesterkamp, Thomas: gutesleben.de. Die Neue Balance von Arbeit und Liebe. Stuttgart 2002
Gerzer-Sass, Annemarie: Private und öffentliche Ressourcen neu gemischt – Entstandardisierung heißt nicht Qualitätsverlust. In: Deutsches Jugendinstitut (Hrsg.) 1994, a. a. O. S. 235-254.

Haberkorn, Rita: Altersgemischte Gruppen – Eine Organisationsform mit vielen Chancen und der Aufforderung zu neuen Antworten. In: Deutsches Jugendinstitut (Hrsg.) 1994, S.129-148
Hagemann, Ulrich/Ledig, Michael: „Zeige mir, was Du für Deine Kinder tust und ich sage Dir was Deine Kinder wert sind". Planung – Bedarf und Angebot. In Deutsches Jugendinstitut (Hrsg.) München 1994, S.27-56

Hagemann, Ulrich/Kreß, Brigitta/Seehausen, Harald : Betrieb und Kinderbetreuung. Kooperation zwischen Jugendhilfe und Wirtschaft. Opladen, 1999

Handy, Charles: Die Fortschrittsfalle: der Zukunft neuen Sinn geben. Wiesbaden 1995.

Hartz, Peter: Das atmende Unternehmen. Jeder Arbeitsplatz hat seinen Kunden. Frankfurt/New York 1996).

Höltershinken, Dieter/Kasüschke, Dagmar: Betriebliche Kinderbetreuung von 1875 bis heute. Kindergärten und Tageseinrichtungen in Deutschland. Opladen, 1996

Hosemann, Wilfried/Lenz, Christa/Burian, Klaus: Vereinbarkeit von Familie und Beruf als Herausforderung an das strategische Management. In: Hernsteiner (Wien), 1990, 3Jg.; S.30-35

KAB Süddeutschlands/Deutsches Jugendinstitut: Kompetenzbilanz. München 2000

Martin, Cindy: Perspektiven betrieblicher Kinderbetreuungsangebote. Am Beispiel der USA. In: Busch/Dörfler/Seehausen: Frankfurter Studie. Eschborn bei Frankfurt am Main, 1991, S. 164-195

Rühl, Monika/Seehausen, Harald: Flexibilisierung von Arbeits- und Betreuungszeiten – Chancen und Risiken für Kinder, Eltern und Unternehmen. In: Hagemann/Kreß/Seehausen 1999, a. a. O. S. 77-98.

Sass, Jürgen/Jaeckel, Monika : Leben mit Kindern in einer veränderten Welt. Einstellungen und Lebensplanung von Eltern im Ost-West-Vergleich. München, 1996

Schnack, Dieter/Gersterkamp, Thomas: Hauptsache Arbeit. Männer zwischen Beruf und Familie. Reinbek b. Hamburg, 1996

Schuhmacher, Jürgen: Leistungen und Leistungsbereitschaft in verschiedenen Lebensbereichen. In: Hondrich (Hrsg.) Opladen 1988, S.68-89

Seehausen, Harald (Hrsg.) : Arbeitswelt kontra Familienwelt ? – Zur Vereinbarkeit von Familie, Beruf und Kindertagesstätte. Sozialpolitisches Forum 89. Dokumentation. Frankfurt am Main, 1990

Seehausen, Harald: Neue sozialpolitische Arrangements zur Kinderbetreuung.
Interview von B. v.Devivere. In Theorie und Praxis der Sozialpädagogik. Heft 3/1994, S.31-38
Seehausen,Harald: Familie, Arbeit, Kinderbetreuung. Berufstätige Eltern und ihre Kinder im Konfliktdreieck. Opladen, 1995

Seehausen, Harald: Im Konfliktdreieck zwischen Familie, Arbeit und Tageseinrichtung. In: Handbuch der Elementarerziehung. Kallmeyer`sche Verlagsbuchhandlung, Velbert, 1996

Seehausen, Harald: Brücken zwischen Arbeitswelt und Familie. Neue Wege der Verknüpfung von Lebensfeldern. In: Mehr Spielräume für Bildung. Dokumentation des Bundeskongresses Ev. Erzieherinnen und Sozialpädagoginnen e. V. Bielefeld, 1996

Seehausen, Harald/Urban, Mathias: „Familienservice Frankfurt". Evaluationsstudie. Manuskript. Frankfurt am Main 1997.

Seehausen, Harald: Kindertagesstätten und Familien zwischen Pädagogik und Ökonomie. In: Goebel, E. (Hrsg.): Qualitätsmanagement in Kindertagesstätten. Helsa/Kassel 1999, S. 1-31

Seehausen, Harald/Urban, Mathias: Qualitative Wechselwirkungen zwischen Familie und Arbeit. Am Beispiel der betrieblichen Förderung von Kinderbetreuung. In: Hagemann/Kreß/Seehausen. 1999, S. 39-57

Seehausen, Harald: Das Modellprojekt Kids & Co. Eine Initiative der Commerzbank AG, Kinderbetreuung in Ausnahmefällen – Eine Evaluationsstudie. Frankfurt, 2000

Seehausen, H.: Global Player, Familie und Kinderbetreuung. In: Mückenberger/Menzl (Hrsg.): Der Global Player und das Territorium, Opladen, 2002

Sennett, Richard: Der flexible Mensch. Die Kultur des neuen Kapitalismus. Berlin 1998 Zulehner, Paul M./Volz, Rainer: Männer im Aufbruch. Ostfildern 1998

Burkhard Hintzsche

Kindertagesstätten zahlen sich aus – Herausforderungen für die kommunale Ebene

Die Kommunen sind nach dem Kinder- und Jugendhilfegesetz verantwortlich für die Jugendhilfeplanung, die Gewährleistung, die Finanzierung und sie sind selbst Träger von Einrichtungen. Dieser Beitrag wird nicht auf die länderspezifischen Unterschiede und Besonderheiten (insbesondere der ostdeutschen Kommunen) eingehen.

Aus dieser Aufgabenstellung können folgende 7 Herausforderungen für die Zukunft formuliert werden:
1. Die (finanzielle) Sicherung des erreichten quantitativen Ausbaustandes (Stichworte: Trägeranteile, Elternbeiträge, demographischer Wandel).
2. Die Schließung der in vielen Kommunen nach wie vor bestehenden quantitativen Versorgungslücken für 3- bis 6jährige Kinder.
3. Die Schaffung zusätzlicher Angebote für unter 3-jährige.
4. Zusätzliche Angebote für Kinder ab Beginn der Schulpflicht bis zum 12. Lebensjahr in einer Größenordnung von 50 %.
5. Flexible, an den Nutzerinnen und Nutzern orientierte Angebotsstrukturen und Öffnungszeiten.
6. Vernetzung der Kindertageseinrichtungen mit anderen Angeboten und Dienstleistungen wie z. B. der Tagespflege, der Erziehungs- und Familienberatung, der Schule usw.
7. Qualitätssicherung und Qualitätsentwicklung in der Einrichtung und in der Ausbildung.

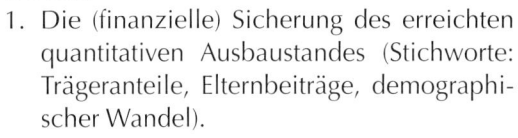

Dies ist in etwa der Kanon, den jeder und jede kommunale Wahlbeamte mehr oder weniger aus dem Stehgreif vortragen kann.

Ein 7-Punkte-Programm mit zusätzlichen Gesamtbetriebskosten in Höhe von rund 19 Mrd. Euro jährlich, davon 3,7 Mrd. Euro für Kinder unter 3 Jahren,

7,3 Mrd. Euro für Kinder im Alter von 3 Jahren bis zum Eintritt der Schulpflicht und 9 Mrd. Euro für Kinder ab Beginn der Schulpflicht bis zum 12. Lebensjahr. Dabei sind qualitative Verbesserungen noch nicht berücksichtigt. Damit würden sich die heutigen Kosten für die Tageseinrichtungen für Kinder in einer Größenordnung von 9,359 Mrd. Euro mehr als verdoppeln. Dass eine solche, infrastrukturelle Regelversorgung nicht aus kommunalen Mittel finanzierbar ist, liegt auf der Hand.

Es geht jedoch nicht nur um den Aspekt der Finanzierung, nein, es geht vor allem auch darum, was die kommunale Kinder- und Jugendhilfe leisten kann und leisten sollte. Schon heute kann sie ihren Auftrag, der sich auf die Altersgruppe der 0 bis zu 27-jährigen insgesamt bezieht, kaum noch erfüllen. Faktisch fließen bis zu zwei Drittel der kommunalen Jugendhilfemittel in die Tageseinrichtungen für Kinder.

Wenn wir wollen, dass auch Kinder anderer Altersgruppen, z. B. im Rahmen von Angeboten der offenen Jugendarbeit, der Schulsozialarbeit gefördert werden, was sowohl fachlich als auch jugendpolitisch geboten ist, darf die Kinder- und Jugendhilfe nicht weiter mit neuen Aufgaben belastet werden. Für eine nachhaltige Jugendpolitik müssen für alle Kinder und Jugendlichen aus Bedarfs- und Gerechtigkeitsgesichtspunkten finanzielle Mittel zur Verfügung stehen.

Im Folgenden wird thesenhaft auf die wesentlichen Aspekte, die sich aus der aktuellen Debatte ergeben, eingegangen, weil diese maßgeblich darüber mitentscheiden, ob und in welcher Weise sich die Kommunen den aktuellen Herausforderungen stellen können und werden:

Zur 1. These:

Die aktuelle Diskussion um die Weiterentwicklung der Kindertagesstätten ist im Kern nicht kinder- und jugendpolitisch, sondern arbeitsmarkt- bzw. bildungspolitisch motiviert.

Dies ist aus mehreren Gründen bemerkenswert. Zum einen wurden in den 70er Jahren nach intensiven und auch kontroversen Debatten die Kindertagesstätten als sozialpädagogische Einrichtungen definiert und der Kinder- und Jugendhilfe zugeordnet. Zum anderen hat der Bundesgesetzgeber die Ausgestaltung des Förderangebotes in Tageseinrichtungen für Kinder in das KJHG implementiert, einem Gesetz, das davon ausgeht, dass die Pflege und

Erziehung der Kinder das natürliche Recht der Eltern und die zuvörderst ihnen obliegende Pflicht sei.

Gemessen an der Realität und im Spiegel der aktuellen Diskussion erscheint die Grundentscheidung des Bundesgesetzgebers zumindest antiquiert. Kindertagesstätten können oder könnten heute auch in einem Gesetz zur Förderung der Bildung, in einem Gesetz zur besseren Vereinbarkeit von Familie und Beruf, in einem Schwangeren- und Familienhilfegesetz oder in einem JOB-AQTIV-Gesetz verankert werden. Nicht überraschend ist es deshalb, dass die Kindertagesstätten jüngst auch Bestandteil des Berichts, der sog. Hartz-Kommission „Moderne Dienstleistungen am Arbeitsmarkt" geworden ist.

Dies ist für die Debatte nicht nur deshalb von Belang, weil mit den Gesetzen unterschiedliche Ziele für unterschiedliche Zielgruppen verfolgt, sondern auch unterschiedliche staatliche und nicht-staatliche Kompetenzbereiche angesprochen werden. Es wird eine der künftigen Herausforderungen sein, die Rolle von Bund, Ländern, Gemeinden, freien Trägern und Wirtschaft zu klären, um Politikblockaden zu vermeiden.

Zur 2. These:

Der Bildungsanspruch, der von außen an die Träger von Tageseinrichtungen für Kinder herangetragen wird, ist tendenziell universell. Der Bildungsauftrag, den die Kinder- und Jugendhilfe für sich selbst entwickelt hat, ist dagegen hinreichend unbestimmt.

Nach dem KJHG umfasst die Aufgabe die Betreuung, Bildung und Erziehung des Kindes. Während sich in der Qualitätsdebatte hinsichtlich der Betreuung und Erziehung von Kindern in Bezug auf Struktur, Prozess und Ergebnis, bei aller Divergenz, weitgehend konsistente Ziele beschreiben lassen, bewegen wir uns beim Thema Bildung inhaltlich und methodisch mehr oder weniger auf wackeligem Terrain.

Dies hat seine Ursache in den spezifischen Jugendhilfestrukturen, die durch kommunale Selbstverwaltung und Träger unterschiedlicher Werthaltungen geprägt werden.

Mit welchen Elementen, mit welchen Zielen und mit welchen Anteilen für Kinder unterschiedlicher Altersgruppen welche Bildungsangebote gemacht werden, bleibt von vorbildlichen Ausnahmen abgesehen, unklar. Um nicht missverstanden zu werden: Eine Reihe von Trägern bemüht sich intensiv, zum Teil eingebunden in Zertifizierungsprozesse, genau dies zu klären. In Bielefeld wurden für die kommunalen Kindertageseinrichtungen 13 sog. Bildungsbausteine entwickelt, um den Eltern zu zeigen, was sie von einer kommunalen Kindertagesstätte erwarten dürfen.

Auf der Ebene der Länder wird über den Abschluss von sog. Bildungsvereinbarungen gesprochen und auch die Nationale Qualitätsoffensive im System der Tageseinrichtungen für Kinder beschäftigt sich umfassend mit der Thematik. Festzustellen ist aber, mit zunehmendem Alter der Kinder und in der Breite, dass keine oder keine einheitliche Vorstellung von dem existiert, was Bildung beinhalten soll. Dabei sollte bis zum Eintritt der Schulpflicht unstrittig sein, dass der Bildungsauftrag nicht als abprüfbare, geschlossene und verbindliche Form der Wissensvermittlung gesehen werden kann, sondern kindliche Neugier und Interesse wecken sollte. Zu nennen sind an dieser Stelle die Leipziger Thesen zur aktuellen bildungspolitischen Debatte, die von der AGJ mitentwickelt wurden, und in denen zum Ausdruck gebracht wird, dass Bildung ein umfassender Prozess und mehr als Schule ist.
Neben das inhaltliche Manko einer einigermaßen präzisen Begriffsbestimmung des Bildungsauftrages tritt das Problem, dass die Finanzierung von Bildung, nach kommunaler Auffassung nach der Kompetenzordnung des Grundgesetzes, in die originäre Verantwortung der Länder fällt.

Zur 3. These:

Die PISA-Studie liefert weder positiv noch negativ Anhaltspunkte für die Qualität der Arbeit in Kindertageseinrichtungen.

Die sog. PISA-Studie hat 15-jährige Jugendliche und die Leistungsfähigkeit und Chancengerechtigkeit unterschiedlicher Schulsysteme systematisch untersucht. Als Konsequenz aus PISA soll Deutschland flächendeckend mit offenen Ganztagsschulen ausgestattet werden.

Es verwundert, erstaunt und kennzeichnet eine in Bezug auf die Studie schiefe Debattenlage, mit welcher Geschwindigkeit zur Zeit, ohne gründliche Evaluation ein zugegebenermaßen verbesserungsbedürftiges Schulsystem mit qualitativ kaum evaluierten Angeboten, in den Nachmittag hinein zu verlängern und nolens volens die klassischen Jugendhilfestrukturen, wie den

Hort, das Schulkinderhaus oder die großen altersgemischten Gruppen leichtfertig zu zerschlagen.

Auch hier zunächst zwei klarstellende Aussagen: Dass die Verlässlichkeit der Betreuung, die mit dem Rechtsanspruch auf einen Kindergartenplatz geschaffen wurde, für Kinder und Eltern nicht mit dem Eintritt in die Schule enden darf, steht außer jeder ernsthaften Diskussion. Und: Auch die Jugendhilfe muss sich von der Fiktion ihrer eigenen, alleinigen und universellen Leistungsfähigkeit lösen. Sie wird im Rahmen des Ausbaus von Ganztagsbetreuungsangeboten für schulpflichtige Kinder als Partner der Schulen eine wichtige, wenn auch nach meiner Einschätzung in den westlichen Ländern nicht die Hauptrolle spielen.

Zu den Lehren aus der PISA-Studie zählt die Einsicht, dass Kinder eine ihrem Alters- und Entwicklungsstand entsprechende Förderung benötigen. Insofern ist zunächst die Frage zu klären, mit welchen Strukturen und mit welchen Akteuren eine differenzierte Förderung zu leisten ist. Eine in Anführungszeichen „Schlechte Schule" in den Nachmittag hinein zu verlängern, ist keine adäquate Antwort auf PISA.

Wenn man dies akzeptiert, verwundert es, welchen geringen Stellenwert die inhaltliche Auseinandersetzung mit der Frage, welche differenzierten Förderangebote gebraucht werden, in der aktuellen Diskussion hat. Zunächst müssen die inhaltlichen Fragen, dann die notwendigen Strukturen und die Finanzierung geklärt werden und zwar in der zuvor genannten Reihenfolge.

Dabei wäre durchaus ein Mix aus Angeboten mit und ohne Beteiligung der Jugendhilfe vorstellbar. Differenzierte, bedarfsgerechte Angebote für schulpflichtige Kinder können sein:
1. Intensive, schulische Förderangebote mit pädagogischem Fachpersonal
2. Betreuungs-, Erziehungs-, Bildungs-, Freizeit- und Sportangebote mit und ohne sozialpädagogisches Fachpersonal
3. Übermittagstisch mit Hausaufgabenbetreuung ohne sozialpädagogisches Fachpersonal

Diese Aufzählung, bei der es in der Praxis fließende Übergänge geben sollte, erfordert es, dass sich die Angebotslandschaft inhaltlich, personell und trägerspezifisch weiter ausdifferenzieren muss. Dabei wird der klassische Hort insbesondere, aber nicht nur am Vormittag kaum noch eine Rolle spielen. Der Ausbau der Angebote wird an den Schulen und unter Federführung der Schulen erfolgen – hier sollte man sich keinerlei Illusion hingeben –.

Im Moment ist jedenfalls nicht vorstellbar, dass die Kommunen als Träger der Jugendhilfe in nennenswertem Umfang weitere Hortangebote schaffen werden, zumal die klassischen Angebote der Jugendhilfe für diesen Personenkreis angesichts der ergänzenden Angebote an Schulen schon heute eher eine untergeordnete Rolle spielen werden. Es ist davon auszugehen, dass die Kommunen sich schwerpunktmäßig auf die Kinderbetreuung bis zum Eintritt der Schulpflicht konzentrieren werden.

Zur 4. These:

Die derzeitigen Finanzierungs- und Zuständigkeitsregelungen sind einerseits unzureichend und verstärken andererseits bestehende Blockaden.

Ein flächendeckender, bedarfsgerechter Ausbau von Kindertageseinrichtungen begegnet einer Reihe von Finanzierungsproblemen. Angesichts der Diskussion um das „ob" von Elternbeiträgen, der fehlenden Bereitschaft oder Leistungsfähigkeit der Träger, Eigenanteile in die Gesamtfinanzierung einzubringen, der desolaten Haushaltssituation der Kommunen, des teilweisen Rückzugs der Länder aus der Mitfinanzierung von Betreuungsplätzen, ist bereits der erreichte Status quo gefährdet.

Zusätzliche Spielräume können und werden sich aus der demographischen Entwicklung, allerdings mit zeitlicher Verzögerung und damit nicht für alle Kommunen zum gleichen Zeitpunkt ergeben. Sie werden allerdings nur dann den Tageseinrichtungen für Kinder zugute kommen, wenn die Kommunen bereit und in der Lage sind, ihre bisherigen Mittel für das Aufgabengebiet weiterhin zur Verfügung zu stellen.

Das wird schon deshalb nicht einfach sein, weil die Ausgaben in der Kinder- und Jugendhilfe für die Hilfen zur Erziehung ungebremst und im Vergleich zu den übrigen kommunalen Sozialleistungen überproportional wachsen und sich dieser Trend durch die demographische Entwicklung noch verstärken dürfte. Insoweit wird die Jugendhilfe kaum über zusätzliche Spielräume verfügen.

Aber auch die Diffusion von Zuständigkeiten zwischen Bund, Ländern und Gemeinden führt im Ergebnis zu Verwerfungen. Folgende zwei Beispiele, sollen dies deutlich machen:

Beispiel: Kindergeldfinanzierung
Über die Einkommensteuerverteilung finanzieren die Kommunen den Familienleistungsausgleich, wohlgemerkt eine staatliche Leistung, in 2002 mit über 5 Mrd. Euro, mit. Dieses Geld, in kommunaler Hand, würde ausreichen, um für eine bedarfsgerechte Weiterentwicklung der Kinderbetreuungsangebote bis zum Eintritt der Schulpflicht zu sorgen.

Beispiel: Kindertagesstättenfinanzierung
Die Finanzierung von Tageseinrichtungen für Kinder erfolgt im wesentlichen aus kommunalen und Mitteln der Länder, bei unterschiedlicher Beteiligung der Träger. Für alle Anträge auf Förderung zusätzlicher Kindergartenplätze kann eine Bedarfsbestätigung erhalten werden und die Kommunalpolitik ist auch mehr oder weniger zögernd bereit, entsprechende kommunale Mittel in den Haushalt einzustellen. Denn sie verbindet die Entscheidung mit dem Junktim, das entsprechende Landesmittel oder Mittel Dritter eingeworben werden können. Unter diesen Vorzeichen kann jeder, mit dem Fingerzeig auf andere, den weiteren Ausbau blockieren.

Insoweit ist dafür nachdrücklich zu plädieren, die Kommunen von den Belastungen aus dem Familienleistungsausgleich freizustellen und sie im Gegenzug stärker in die Verpflichtung zu nehmen.

Zur 5. und letzten These:

Zusätzliche Rechtsansprüche lösen die bestehenden Probleme nicht, sondern schaffen neue Verwerfungen.

Bereits die Umsetzung des Rechtsanspruchs auf einen Kindergartenplatz hat gezeigt, dass Rechtsansprüche auch negative Auswirkungen entfalten können. So wurden in den alten Ländern als Folge des Rechtsanspruchs zwar die Betreuungsplätze für Kinder ab dem 3. Lebensjahr bis zum Eintritt der Schulpflicht massiv ausgebaut, so dass auch in den alten Ländern nahezu eine Vollversorgung erreicht werden konnte. Diese Entwicklung ging vielfach jedoch zu Lasten bestehender Betreuungsangebote für Kinder unter 3 und über 6 Jahren, die z. T. umgewidmet, zumindest jedoch nicht bedarfsgerecht weiterentwickelt wurden.

Aber auch die Bereitschaft der Wirtschaft, sich mit eigenen Mitteln in diesem Bereich zu engagieren, ging zurück. Konzepte für Betriebskindergärten blieben mit dem Hinweis auf den Rechtsanspruch auf einen Kindergartenplatz, für den die Kommunen zu garantieren haben, in den Schubladen. Von wenigen Ausnahmen abgesehen, ist erst in jüngster Zeit eine Wiederbelebung der Diskussion erkennbar, weil die Wirtschaft vor dem Hintergrund des Mangels an Fachkräften daran interessiert ist, insbesondere Frauen nach der Mutterschaft den Wiedereinstieg in das Berufsleben zu erleichtern. Allerdings erlaube ich mir den Hinweis, dass hier die faktischen Bemühungen zur Schaffung von Heimarbeitsplätzen, vor allem bei den telekommunikationsnahen Dienstleistungen, deutlich größer sind, als die reale Beteiligung der Wirtschaft an der Schaffung zusätzlicher Plätze.

Auch die freien Träger haben den Rechtsanspruch auf einen Kindergartenplatz zum Anlass genommen, ihre bisherigen Trägeranteile in Frage zu stellen. Heute wird kaum noch ein zusätzlicher Platz mit Trägeranteilen auf dem Niveau von 1995 finanziert. In immer mehr Städten und Gemeinden müssen die Kommunen den gesamten Trägeranteil übernehmen.

Hinzu kommt, dass auch die Eltern, die 10 bis 15 % der Gesamtkosten des Betriebs selbst tragen, ihre Beiträge mit dem Hinweis auf das doch auch kostenfreie Schulsystem in Frage stellen. Ich persönlich halte eine sozialverträgliche, nach Einkommen und Kinderzahl gestaffelte Elternbeitragsregelung im Hinblick auf ein ganzjähriges zur Verfügung stehendes Angebot für zumutbar und im Interesse der Schaffung zusätzlicher Plätze auch für unverzichtbar.

Wenn zusätzliche Plätze in besserer Qualität geschaffen werden sollen, darf die Finanzierungsbasis nicht weiter ausgehöhlt werden und müssen neben der öffentlichen Hand auch die Wirtschaft, die Träger und die Eltern ihren Beitrag leisten. Dazu sind weitere Rechtsansprüche tendenziell ungeeignet.

3. Teil

Podiumsdiskussion „Kindertagesstätten zahlen sich aus"

Dokumentation der Podiumsdiskussion:
"Kindertagesstätten zahlen sich aus"

Den Abschluss der Fachtagung bildete eine Podiumsdiskussion, in der das Thema „Kindertagesstätten zahlen sich aus" noch einmal aus unterschiedlichen Perspektiven durch einzelne Statements dargestellt und anschließend diskutiert wurde. Die Moderation wurde von der Journalistin, Frau Romanowski, durchgeführt. Das Podium war mit Vertretern und Vertreterinnen der Bundes-, Landes- und Kommunalebene sowie von Wirtschaft, Freien Trägern und einer Elternvertreterin besetzt. Herr Dichans, Referatsleiter des Bundesministeriums für Familie, Senioren, Frauen und Jugend, erläuterte in seinem Statement, was die Bundesregierung zur Verbesserung der Situation der Ganztagsbetreuung in den nächsten Jahren weiter beitragen wird. Herr Minister Dr. Pietsch, Ministerium für Soziales, Familie und Gesundheit des Freistaats Thüringen, verdeutlichte, was die Länder planen, um eine Ganztagsbetreuung im Sinne von Bildung und Betreuung für alle Kinder zu verbessern. Aus kommunaler Sicht machte Herr Hintzsche, Beigeordneter der Stadt Bielefeld, deutlich, welche Herausforderungen sich für die kommunale Ebene durch den Ausbau von Kindertagesstätten ergeben. Herr Dr. Zschocke, Pastpräsident des Bundesverbands Junger Unternehmer, ging in seinem Statement darauf ein, ob sich Kindertagesstätten für die Wirtschaft auszahlen und welche gesellschaftliche Verantwortung die Wirtschaft in diesem Zusammenhang hat. Die Perspektive der Freien Träger verdeutlichte Frau Weßels, Referentin des Paritätischen Wohlfahrtsverbandes – Gesamtverband e. V., die in ihrem Beitrag ansprach, was die Träger benötigen, um Qualität zu gewährleisten. Die Elternvertreterin, Frau Gerstel, Vorsitzende des Pro Kita e. V., stellte abschließend die Erwartungen, die die Eltern im Zusammenhang mit Kindertagesstätten haben, vor und machte deutlich, dass die Einrichtungen längst einen Status von Bildungseinrichtungen erlangt haben. Die ausführlichen Statements werden im Folgenden dokumentiert:

Wolfgang Dichans, Referatsleiter
Bundesministerium für
Familie, Senioren, Frauen und Jugend
Rochusstr. 8 – 10
53123 Bonn
Email: wolfgang.dichans@bmfsfj.bund.de

Statement: „Was kann die Bundesregierung zur Verbesserung der Situation tun?"

11 Thesen zur Podiumsdiskussion

1. Der Ausbau der Tageseinrichtungen und der Tagespflege für Kinder aller Altersstufen ist als ein Teil von Infrastrukturleistungen für Familien in Deutschland vordringlich. Im Zusammenhang mit dem Ausbau stellt sich nicht die Frage nach dem „Ob", sondern die nach dem „Wie".

2. Der Bund hat sich im Zusammenhang mit der Nachhaltigkeitsstrategie auf EU-Ebene zum Ausbau der Kinderbetreuung verpflichtet und dazu konkrete Indikatoren vorgelegt.

3. Der Ausbau der Kinderbetreuung hilft Familien mit Kindern mehr als weitere Erhöhungen des Kindergeldes.

4. Der Bund wird den Ausbau der Kinderbetreuung finanziell fördern. Den Einstieg bilden das „Zukunftsprogramm Bildung und Betreuung" mit 4 Mrd. Euro über die nächsten vier Jahre sowie ein Programm für den Ausbau der Kinderbetreuung für Kinder unter 3 Jahren mit 1,5 Mrd. Euro ab 2004.

5. Neben den Tageseinrichtungen für Kinder soll auch die Tagespflege ihren Beitrag zum Ausbau der Kinderbetreuung leisten.

6. Um zu Vereinbarungen für den Ausbau der Kinderbetreuung zu kommen, wird der Bund einen Betreuungsgipfel einberufen, auf dem sich Länder, Gemeinden und Träger auf konkrete Ausbaumaßnahmen verständigen.

7. Wir müssen neue Methoden entwickeln, um die vorhandenen finanziellen Ressourcen effektiver einzusetzen.

8. Auf Dauer wird sich ein bedarfsgerechtes Angebot zur Kinderbetreuung nur durch gesetzliche Regelungen im SGB VIII erreichen lassen. Daher soll gesetzlich sichergestellt werden, dass neben dem Rechtsanspruch auf einen Kindergartenplatz auch für 20 % der Kinder unter 3 Jahren in der kommenden Legislaturperiode ein Platzangebot zur Verfügung steht.

9. Masse allein genügt nicht. Der quantitative Ausbau der Kinderbetreuung muss einhergehen mit Bemühungen zur Verbesserung der Qualität. Der Bund setzt hier gemeinsam mit 10 Ländern mit der „Nationale Qualitätsinitiative im System der Tageseinrichtungen für Kinder" ein wichtiges Signal.

10. Wir brauchen ein nationales Rahmenkonzept für Kindertagesstätten. Die frühkindliche Bildung muss darin neben der Erziehung und der Betreuung einen besonderen Stellenwert einnehmen. Der Bund wird dazu eine Initiative starten.

11. Deutschland wird sich zudem mit der Einbeziehung in die zweite Runde der OECD-Studien zur Kinderbetreuung dem internationalen Vergleich stellen. Das Bundesministerium für Familie, Senioren, Frauen und Jugend erwartet davon Impulse zum quantitativen und qualitativen Ausbau der Kinderbetreuung.

Minister Dr. Frank-Michael Pietzsch
Ministerium für Soziales, Familie und
Gesundheit des FreistaatesThüringen
Werner-Seelenbinder-Str. 6
99096 Erfurt

Statement: „Was planen die Länder?"

Mit dieser Fachtagung will die Arbeitsgemeinschaft für Jugendhilfe eine Bestandaufnahme der derzeitigen Angebots- und Finanzierungsstrukturen im Bereich Kindertageseinrichtungen vornehmen und gleichzeitig neue Wege und Lösungen für anstehende Probleme aufzeigen.

Es ist eine schwierige Aufgabe als Vorsitzender der Jugendministerkonferenz die Frage: „Was planen die Länder?" zu beantworten.
Einvernehmen besteht sicher darin, „die Ganztagsbetreuung im Sinne von Bildung und Betreuung für alle Kinder zu verbessern. Dies zielt über die Bedingungen für die Vereinbarkeit von Beruf und Familie hinaus, auf eine qualifizierte Wahrnehmung des Bildungsauftrages in allen Handlungsfeldern der Kinder- und Jugendhilfe", – nachzulesen im 11. Kinder- und Jugendbericht. Die konkrete Umsetzung dieser Forderung ist auf Grund historischer, struktureller und politischer Bedingungen der einzelnen Bundesländer sehr differenziert.

Gestatten Sie mir dazu einige Aussagen aus Thüringer Sicht:

Seit der Verabschiedung des Kindertageseinrichtungsgesetzes 1991 durch den Thüringer Landtag wurde durch den Freistaat bis heute ein **Gesamtkonzept entwickelt, das sowohl die Vereinbarkeit von Beruf und Famile als auch Betreuungsangebote im Interesse guter Entwicklung ermöglicht.**

Besonders positiv ist hervorzuheben, **dass diese Gesamtsicht immer gewahrt wurde und alle gesetzlichen Regelungen auf die Entwicklung und Verbesserung der Rahmenbedingungen für Familien mit Kindern gerichtet sind**.

Zu diesen gehören:

- Das Landeserziehungsgeld im Anschluss an das Bundeserziehungsgeld, bis das Kind zwei Jahre und sechs Monate vollendet hat;
Für ca. 11.200 Kinder wird dieses gegenwärtig in Anspruch genommen

- Bedarfsorientierte Angebote in Kinderkrippen und gemeinschaftlichen Einrichtungen;
Gegenwärtig besuchen ca. 40 v. H. Kinder im Alter von einem Jahr und sechs Monaten bis zwei Jahren und sechs Monaten diese Einrichtungen.

- Als Alternative und Ergänzung zur Betreuung in einer Kindertageseinrichtung wird für Kinder die Betreuung durch eine Tagesmutter angeboten;
Gegenwärtig werden im Alter bis zu zwei Jahren und sechs Monaten ca. 400 Kinder von Tagesmüttern betreut.
Der Freistaat beteiligt sich mit monatlich 102,25 Euro an den Kosten pro Kind; sowohl für einen Krippenplatz, als auch für eine Tagespflegestelle.

- Der Rechtsanspruch auf einen Kindergartenplatz wurde bereits 1991 für Kinder ab drei Jahren festgeschrieben.

- 1994 legte das Land den Rechtsanspruch auf einen Kindergartenplatz für Kinder ab zwei Jahren und sechs Monaten fest. Damit wurde der Anschluss an das Landeserziehungsgeld gesichert.
Gegenwärtig besuchen 71.703 Kinder im Alter von zwei Jahren und sechs Monaten bis zum Schuleintritt Kindertageseinrichtungen. Das sind ca. 94 v. H. Kinder dieser Altersgruppe.
Dabei ist auch wesentlich, dass eine Kindergruppe mit 15 bis 20 Kindern von einer Erzieherin/einem Erzieher betreut wird. Dazu werden im Freistaat ausschließlich Fachkräfte eingesetzt.

In zehn sozialpädagogischen Fachschulen werden jährlich ca. 250 Erzieherinnen und Erzieher ausgebildet. Nach dem fachtheoretischen Abschluss erfolgt ein einjähriges Berufspraktikum zur fachgerechten Einarbeitung in die selbstständige Tätigkeit der Berufspraxis.
Im Bereich der Kindertageseinrichtung stehen dazu gegenwärtig ca. 175 Praktikantenstellen zur Verfügung, die vom Freistaat finanziert werden.
Damit treffen wir Vorsorge, dass bei wieder ansteigenden Geburtenzahlen ausreichendes Fachpersonal vorhanden ist. Dabei ist auch berücksichtigt, dass in den nächsten Jahren eine erhebliche Anzahl von Erzieherinnen und Erziehern altersbedingt ausscheidet.

- Der Rechtsanspruch auf Hortbetreuung bis zum Abschluss der Grundschule wurde 1997 gesetzlich geregelt. Bundesweit einmalig ist dabei das plurale Angebot der Hortplätze in Kinderhorten kommunaler und freier Träger und in Schulhorten.

Gegenwärtig nutzen ca. 65 v. H. Kinder im Alter bis in das elfte Lebensjahr (vierte Klasse) Betreuungsangebote in den Horten.
Auch hier kommen im Freistaat <u>ausschließlich</u> Fachkräfte zum Einsatz.

Die Tatsache, dass so viele Kinder Kindertageseinrichtungen besuchen zeigt, dass die Angebote qualitativ gut sind.
Deutlich wird aber auch, dass sie für die Eltern bezahlbar sind und bleiben.

Alle Betreuungsangebote sind Ganztagsplätze. Die Familien entscheiden selbst darüber, wie lange sie einen Platz in Anspruch nehmen wollen.

Für Familien mit Kindern bietet dieses Gesamtkonzept die Sicherheit, Familie und Beruf ohne Defizite für die Beteiligten vernünftig zu vereinbaren. Die seit 1994 um 33 v. H. ansteigende Geburtenrate belegt diese Aussage.

Vergleiche mit anderen Bundesländern zeigen, dass dort jeweils Einzelmaßnahmen initiiert wurden. Zum Beispiel der Rechtsanspruch auf einen Kindergartenplatz ohne Sicherung auf die Weiterbetreuungsmöglichkeit im Schulalter, die Betreuungsmöglichkeiten in Kindergärten für vier Stunden - damit ist eine Berufstätigkeit fast auszuschließen.

Die Landesregierung stellt mit dem vorgeschlagenen Doppelhaushalt 2003/2004 unter Beweis, dass gute Kinderbetreuung sowie die Vereinbarkeit von Beruf und Familie zu ihren wesentlichen politischen Zielsetzungen gehört.

In dieser Zeit werden 11 Mio. Euro als Zuschüsse des Landes für Investitionen in Kindertageseinrichtungen bereitstehen. Darüber hinaus werden jährlich nahezu 130 Mio. Euro seitens des Landes für die laufenden Kosten der Kindertageseinrichtungen aufgewendet.

Der Freistaat Thüringen gestaltet seit 1991 dieses Konzept der Vereinbarkeit von Beruf und Familie und der damit verbundenen guten Entwicklungsmöglichkeiten für Kinder.

Burkhard Hintzsche
Beigeordneter Stadt Bielefeld
Dezernat Jugend, Soziales und Wohnen
Neues Rathaus
Niederwall 23
33602 Bielefeld
burkhard.hintzsche@bielefeld.de

Statement:
„Herausforderungen für die kommunale Ebene"

These 1:
Die aktuelle Diskussion um die Weiterentwicklung der Kindertagesstätten ist im Kern nicht kinder- und jugendpolitisch, sondern arbeitsmarkt- bzw. bildungspolitisch motiviert.

These 2:
Der Bildungsanspruch, der von außen an die Träger von Tageseinrichtungen für Kinder herangetragen wird, ist tendenziell universell, der Bildungsauftrag, den die Kinder- und Jugendhilfe für sich selbst entwickelt hat, ist dagegen hinreichend unbestimmt.

These 3:
Die PISA-Studie liefert weder positiv noch negativ Anhaltspunkte für die Qualität der Arbeit in Kindertageseinrichtungen.

These 4:
Die derzeitigen Finanzierungs- und Zuständigkeitsregelungen sind einerseits unzureichend und verstärken andererseits bestehende Blockaden.

These 5:
Zusätzliche Rechtsansprüche lösen die bestehenden Probleme nicht, sondern schaffen neue Verwerfungen.

Erläuterungen der Thesen siehe Vortragstext von Burkhard Hintzsche (Seite 120 ff.)

Dr. Christoph Zschocke
Bundesverband Junge Unternehmer
Reichsstr. 17
14052 Berlin

Statement: „In welcher Form kann sich die Wirtschaft beteiligen?"

1. Zahlen sich Kindertagesstätten für die Wirtschaft aus?

Antwort:
Zu verweisen ist hier auf die Studien der Hertie-Stiftung zum Thema „Wettbewerbsvorteil familienbewusste Personalpolitik" und die entsprechende Dokumentation des Bundesministeriums für Wirtschaft und Technologie (Nr. 488, 2001). Hier wird breit dokumentiert, dass etliche Unternehmen in vielfältiger Form Service für Familien anbieten, vom Modell „Kind im Betrieb" bis zur eigenen Kindertagesstätte.

Das private Angebot an Kindertagesstätten wird durch die derzeitige Regulierung dieses Bereichs sehr stark erschwert. Dies betrifft erstens die Finanzierung. Die weitgehend steuerfinanzierten freigemeinnützigen und öffentlichen Anbieter lassen rein privatwirtschaftlichen Angeboten kaum Raum, es sei denn, man subventioniert sie nach denselben Prinzipien. Dass dies offenbar sehr schwer fällt und auch mit prekären Genehmigungszwängen verbunden ist, sieht man im kümmerlich entwickelten Privatschulbereich in Deutschland.

Eine mögliche Lösung dieses Problems wäre es auch, eine Art steuerfinanzierten Betreuungsgutschein an bedürftige Bürger auszugeben (nach Art sozial orientierter Bildungsschecks) und dann bei öffentlichen wie privaten Anbietern eine freie Preisbildung zuzulassen.

2. Welche gesellschaftliche Verantwortung hat die Wirtschaft im Zusammenhang mit der Ganztagsbetreuung von Kindern?

Antwort:
Es gibt keine Pflichten der Wirtschaft, sich über diese Probleme aus „sozialer Verantwortung" Gedanken zu machen. Freilich könnte es in ihrem Inter-

esse liegen – aber dies ist eine andere Kategorie! Aufgabe der Privatwirtschaft ist es, im Interesse der Konsumenten und Konsumentinnen nachgefragte Güter und Dienstleistungen anzubieten und das eingesetzte Kapital wettbewerbsfähig zu verzinsen.

3. *Was sollte Ihrer Meinung die Bundesregierung zur Verbesserung der Ganztagsbetreuung tun?*

Antwort:
Es sollten die hohen Regulierungshürden bei der Errichtung z. B. einer betrieblichen Kindertagesstätte gesenkt werden (das ist aber wohl eher Ländersache). Es ist gegenwärtig einfach zu teuer und zu kompliziert eine Kindertagesstätte dem Betrieb anzugliedern (Beispiel: Dr. Bentz, Fa. Melitta, der das versuchte). Ein Beispiel: Während die Kinder zu Hause ohne weiteres die Toiletten der Erwachsenen benutzen, wird in Kindertagesstätten die Installierung von Sanitäreinrichtungen vorgeschrieben, die der Größe der Kinder entsprechen. Dann die extrem hohen Standards, was das Betreuungspersonal betrifft. Erfahrene Praktiker oder Praktikerinnen haben hier kaum eine Chance gesetzlich „anerkannt" zu werden.

4. *Bietet die Wirtschaft flexible Arbeitszeitmodelle, um Familien und Beruf zu vereinbaren?*

Antwort:
Auch hier muss auf die umfassende Dokumentation der Hertie-Stiftung und des Bundeswirtschaftsministeriums verwiesen werden. Flexibilisierung der Arbeitszeit ist in der Tat ein sehr wichtiges Mittel, die Pflichten von Beruf und Familie zu vereinbaren.

5. *Was tut die Wirtschaft, um die Vereinbarkeit von Familie und Beruf zu erleichtern?*

Antwort:
Es gibt inzwischen eine ganze Reihe von Firmen, die sich in dieser Richtung einem von der Hertie-Stiftung ausgearbeiteten „Audit" unterwerfen und somit als familienfreundlich „zertifiziert" sind. Es gibt in dieser Hinsicht Möglichkeiten, wie die Gestaltung der Arbeitszeit, die Gestaltung von Arbeitsinhalten und Arbeitsabläufen, des Arbeitsortes, des Führungsstils und der

Personalentwicklung, Möglichkeiten im Entgeltbereich und besonders, was den flankierenden Service für Familien betrifft.

6. *Wie sollte die Wirtschaft Ihrer Meinung nach angesprochen werden, um eine Beteiligung zu initiieren?*

Antwort:
Mit der Hertie-Stiftung, der drittgrößten Privatstiftung Deutschlands, hat die Wirtschaft hier eine ganz wesentliche Initiative bereits gestartet. Diese ist nur aufzugreifen, z. B. die Idee der Zertifizierung.

7. *Wie bewerten Sie die Debatte um Bildung in Kindertagesstätten?*

Antwort:
Es ist die Frage, was man unter „Bildung" versteht. Eine nicht kindgerechte Verschulung würde ich ablehnen. Kinder lernen vor allem durch das Spiel und darauf sollte der Hauptakzent liegen, auch bei solchen Kollektiven.

8. *Welche Argumentationshilfen würden Sie in den Kommunen vorschlagen, die die Bedeutung der Ganztagsbetreuung unterstreichen?*

Antwort:
Wie in allen Bereichen sollte auch hier das Angebot der Nachfrage entsprechen und nicht mit unerwünschten Nebenwirkungen, als da sind z. B. berufsbedingter Verzicht auf Kinder, niedrig gehalten werden. Um das Angebot zu erhöhen müsste man vor allem die extreme Regulierung dieses Sektors reduzieren. Es sollte leichter sein, private Kitas unterschiedlicher Qualität zu errichten – und dies bei freier Preisbildung. Dies bedeutet: Wer dazu im Stande ist, zahlt die entsprechenden Gebühren, wer nicht, wird durch einen Sozialscheck unterstützt. Es sollte freilich kein Anreiz geschaffen werden, die Gründung von Familienersatzeinrichtungen zu forcieren oder künstlich voranzutreiben. Freier Markt und Wettbewerb werden im übrigen für ein nachfragegerechtes Angebot sorgen.

PARITÄTISCHER Wohlfahrtsverband - Gesamtverband e. V.
Mechthild Weßels
Heinrich-Hoffmann-Str. 3
60528 Frankfurt am Main
mechthild.wessels@paritaet.org

Statement: „Was benötigen die Träger, um Qualität zu gewährleisten?"

1. Die Träger leisten enorme finanzielle und konzeptionelle Kraftanstrengungen, um in Erfüllung des Erziehungs- und Bildungsauftrags von Kindertageseinrichtungen ihre Einrichtungen stets weiter zu entwickeln. Nichtsdestotrotz benötigen Träger eine entsprechende öffentliche Finanzverantwortung für eine solide Basisausstattung und zur Sicherstellung personeller und struktureller Rahmenbedingungen, um Bildungsqualität zu gewährleisten. Aus Trägersicht ist es verschenkte Zeit, eine Qualitätsdebatte auf hohem Niveau zu führen, während sich die Rahmenbedingungen durch Standardabsenkungen (bei Personalschlüssel, Verfügungszeiten etc.) in einzelnen Bundesländern und vielerorts aufgrund von Kommunalisierung und Deregulierung verschlechtern.

Kindertageseinrichtungen stoßen, insbesondere seit der Einführung eines Rechtsanspruches auf einen Kindergartenplatz, auf große Nachfrage. Die Platzzahlen haben sich für Kinder im Kindergartenalter beträchtlich ausgeweitet. Durchschnittlich nehmen 90 Prozent aller Kinder im Kindergartenalter einen Platz in einer Tageseinrichtung in Anspruch, obgleich dieser – im Gegensatz zur Schulpflicht – mit keinerlei Pflicht verbunden ist. Nachholbedarf besteht nach wie vor im Bereich der Ganztagsangebote und der Angebote für unter 3-Jährige und für Schulkinder. Die freien Träger haben ihre Angebote kontinuierlich ausgebaut und betreiben mit 58 % den größten Teil der Einrichtungen.

Die Bedingungen des Aufwachsens von Kindern, die gesellschaftlichen und familialen Veränderungen im Einwanderungsland Deutschland und die zunehmende Erwerbstätigkeit von Frauen/Müttern stellen neue (interkulturelle) Herausforderungen und Anforderungen an die pädagogischen Konzepte für Träger von Kindertageseinrichtungen aller Altersgruppen sowie an das Selbstverständnis und Qualifikationsprofil von Erziehern und Erzieherinnen. Nicht nur in quantitativer sondern auch in qualitativer Hinsicht haben sich

Kindertageseinrichtungen daher erheblich wandeln müssen und tun es weiterhin.

Notwendige qualitative Erziehungs- und Bildungskonzepte sind aber nicht zum Nulltarif zu haben. Kurz: Qualität kostet ihren Preis. Im internationalen Vergleich investiert Deutschland zu wenig in Bildung und Erziehung, obgleich es sich – wie auf der Tagung ausführlich gezeigt – auch volkswirtschaftlich lohnen würde: So nimmt Deutschland bei einem Vergleich der Bildungsausgaben von 30 Ländern nur den 22. Platz ein. In dem Bildungsbereich für Null- bis Sechsjährige – dem Alter mit der größten Lernfähigkeit - ist deutlich mehr zu investieren als bisher. Als Richtschnur dient das EU-Qualitätsziel des Netzwerkes Kinderbetreuung, wonach die öffentlichen Ausgaben für Einrichtungen für Kinder unter sechs Jahren nicht weniger als 1 % des Bruttoinlandsproduktes betragen sollten.

Die strukturellen und finanziellen, insbesondere personellen Rahmenbedingungen in Kindertageseinrichtungen hinken den aktuellen Entwicklungen, Qualitätsansprüchen und Qualitätszielen hinterher. Der Erfolg der Nationalen Qualitätsinitiative wird sich daran messen lassen, ob es gelingt, sich auf Qualitätsstandards zu verständigen und dabei erforderliche Rahmenbedingungen stets mit zu reflektieren. Bestehende Rahmenbedingungen in personeller, räumlicher, materieller, organisatorischer und finanzieller Hinsicht sind deshalb zu überprüfen und weiter zu entwickeln. Wer Qualitätsentwicklung und -sicherung verbindlich gestalten will, muss vorhandene Unterstützungssysteme (Fortbildung, Fachberatung etc.) stärken und darin investieren sowie vorhandenes Engagement anerkennen und fördern. Zum Beispiel sollte ehrenamtliches Engagement als „geldwerte Leistung" stärker anerkannt werden, indem der Trägeranteil entsprechend reduziert wird.

2. Freie Träger und Verbände engagieren sich in Bildungsforen und setzen Bildungsanforderungen und Qualitätsstandards in Beziehung zu den Rahmenbedingungen. Sie unterstützen die Entwicklung eines Rahmenkonzeptes, das eine verbindlichere Umsetzung des Bildungsauftrags möglich macht und Orientierung für die frühkindliche Bildungsarbeit gibt. Die Realisierung eines Rahmenkonzeptes (oder Bildungsplans) wird im Wesentlichen davon abhängen, ob es gelingt, sich gemeinsam auf Bildungsziele und Standards zu einigen. Für die ausdrückliche Anerkennung des Elementarbereichs im Bildungssystem ist keine Ausgliederung aus dem System der Jugendhilfe notwendig.

Es ist hinlänglich bekannt, dass nach dem KJHG Kindertageseinrichtungen neben der Betreuungsaufgabe einen eigenständigen Bildungs- und Erziehungsauftrag haben und allen Kindern das Recht auf Erziehung, Bildung und Chancengleichheit eingeräumt wird. Näheres hierzu bestimmen die landesrechtlichen Regelungen in Form von Gesetzen, Verordnungen, Richtlinien usw.

Nicht in den Fachkreisen, jedoch im öffentlichen Bewusstsein fehlt die Wahrnehmung über die Bedeutung der komplexen Lern- und Entwicklungsmöglichkeiten und Bildungsprozesse im frühkindlichen Alter für die heranwachsenden Kinder, die im Elementarbereich gefördert werden. D. h. das Bildungsvermögen des Elementarbereichs wird unterschätzt. Hieraus resultiert auch die mangelnde Anerkennung einer öffentlichen sozial- und bildungspolitischen Verpflichtung neben und im Zusammenwirken mit der privaten Verantwortung für das Aufwachsen der nachwachsenden Generation.

Übereinstimmend fordert die Fachebene der Träger und Verbände der freien Wohlfahrtspflege die Entwicklung eines Rahmenkonzeptes, das dem ganzheitlichen und eigenständigen Bildungsauftrag und der Qualitätsentwicklung der Tageseinrichtungen und auch der Tagespflege für Kinder aller Altersgruppen Verbindlichkeit und Orientierung geben würde. Die Träger sind ihrerseits verpflichtet, geeignete Maßnahmen zu erbringen, um die Umsetzung ihres Bildungskonzeptes nachzuweisen. Die Anerkennung des eigenständigen Bildungsauftrags des Elementarbereichs als erster Stufe des Bildungswesens muss Realität werden. Eine Engführung oder Reduzierung der Bildungsarbeit auf Vorschulprogramme oder schulische Curricula lehnen die Träger daher ab.

Und da ist es beispielsweise wenig hilfreich, die Qualitätsdebatte mit einer Diskussion über Zuständigkeitsverlagerung zu überdecken, indem das System öffentlicher Kindererziehung dem Schulbereich bzw. dem Kultusbereich zugeschlagen werden soll. Hier besteht auch die Gefahr, dass Bildung im Kita-Bereich auf (frühe) Verschulung mit einseitigem auf Schule orientierten Erfolgs- und Leistungsdruck verengt und nach dem Maßstab bewertet wird, ob das Kind schulfähig ist oder nicht. Auch mit Diskussionen über die generelle Vorverlegung der Schulpflicht werden Ablenkungsmanöver inszeniert, die am Kern vorbeigehen. Es geht den Trägern nämlich um eine intensivere und verbindlich auszugestaltende Zusammenarbeit zwischen den Kindertageseinrichtungen, der Schule und den Familien, damit Kinder individuell gefördert werden und sie Übergänge besser bewältigen können. Für einen gemeinsamen Bildungsdialog sind eine engere Vernetzung der Bereiche und die Entwicklung einer aufeinander abgestimmten Bildungskonzeption auf der Grundlage von Basiskompetenzen erforderlich. Orte solcher Kooperation können z. B. Arbeitsgemeinschaften nach § 78 SGB VIII sein. Hierfür müssen die notwendigen Personalressourcen im schulischen Bereich wie auch im Bereich der Kindertageseinrichtungen bereitgestellt werden. Darüber hinaus wird ein fortlaufender Diskurs von Ausbildung, Praxis, Forschung, Weiterbildung und Lehre benötigt, um ein lebenslanges Bildungsklima für Kinder, pädagogische Fachkräfte, Eltern, Lehrer und Lehrerinnen sowie Wissenschaftler und Wissenschaftlerinnen, zu schaffen.

3. Die Trägerverbände setzen sich verstärkt für verbesserte Bildungs- und Zugangschancen für bildungsbenachteiligte Kinder und für Migrantenkinder ein. Zur Herstellung von Chancengleichheit ist es erforderlich, eine zielgruppengerechte Förderung und Absicherung entsprechender Bildungskonzepte für alle Altersgruppen zum Qualitätskriterium zu erheben. Zur Sicherstellung eines bedarfsgerechten Angebotes müssen die gesetzlichen Verpflichtungen des SGB VIII im Hinblick auf Jugendhilfeplanung, Betroffenenbeteiligung und durch eine frühzeitige Beteiligung der freien Träger umgesetzt werden.

Es ist hinlänglich bekannt, dass Kinder aus bildungsfernen Elternhäusern und Migrantenkinder seltener Kindertageseinrichtungen besuchen und wenn, dann häufiger halbtägig einen Platz in Anspruch nehmen. Dies zeigt auch, dass sich diese Gruppen im „Kampf" um die raren Ganztagsplätze und wenigen Krippen- und Hortplätze (im Westen) weniger behaupten können (rein markt- und nachfrageorientierte Steuerungssysteme verschleiern die bestehenden sozial ungleich verteilten Bildungs- und Zugangschancen).

Zur Herstellung von Chancengleichheit ist es aus Trägersicht erforderlich, dass bereits vor dem Kindergarten mehr Bildungsgelegenheiten geschaffen und Bildungspotenziale auch der unter Dreijährigen erschlossen werden, um soziale Ungleichheiten und Benachteiligungen durch ein vielfältiges und ausreichendes Angebot von geeigneten Maßnahmen möglichst frühzeitig ausgleichen bzw. abbauen zu können. Darüber hinaus sind interkulturelle Bildungskonzepte – und nicht nur auf den Erwerb der deutschen Sprache – ausgerichtete Angebote flächendeckend zu entwickeln und abzusichern, um erweiterte Zugänge und Bildungschancen insbesondere für Migrantenkinder zu schaffen.

Die Träger benötigen bessere Rahmenbedingungen, um sich insbesondere für bildungsbenachteiligte Kinder zu engagieren, diese zu erreichen und qualitativ anspruchsvolle Angebote für alle Kinder schaffen zu können. Anderenfalls besteht die Gefahr eines Zwei-Klassen-Systems von besser und schlechter ausgestatteten Einrichtungen: Diejenigen, die es sich leisten können, zahlen für gehobenere Standards und für ein zeitlich umfassenderes Angebot drauf, die anderen werden mit einer „abgespeckten" Minimalversorgung abgespeist. Aus Sicht der Träger darf die Höhe der Kosten nicht über Art und Umfang des Bildungsangebotes entscheiden und zur Ausgrenzung oder zum Ausschluss von Kindern von bestimmten Leistungsangeboten führen. Freie Träger benötigen für die nicht gedeckten Betriebsausgaben einen finanziellen staatlichen Ausgleich. Deutlichere Beitragsermäßigungen bis hin zur Beitragsfreiheit würden außerdem Möglichkeiten schaffen, um Kinder aus bildungsbenachteiligten Milieus zu erreichen. Die dadurch entstehenden Mindereinnahmen müssen ebenfalls durch öffentliche Zuschüsse ausgeglichen werden.

Qualitativ gute Einrichtungen sind die, die sich pädagogisch und organisatorisch an den Wünschen und Bedürfnissen der Kinder und ihrer Familien (vgl. § 22 SGB VIII) und am tatsächlichen Bedarf orientieren. Der quantitative und qualitative Förderungsbedarf der Kinder muss mittels einer kleinräumigen differenzierten Jugendhilfeplanung nach § 80 SGB VIII unter frühzeitiger Beteiligung der freien Träger ermittelt werden. Das Dilemma ist, dass diese gesetzlichen Verpflichtungen nicht oder zumeist unzureichend umgesetzt werden. Es sollten daher Mindestanforderungen an Jugendhilfeplanung, z. B. in Form von Rechtsverordnungen, geknüpft werden, um den politischen Willen zum Ausdruck zu bringen. Dann wäre endlich Schluss damit, dass insbesondere in den Regionen mit einer niedrigen Versorgungslage einzelne (auch freie) Träger ihre Öffnungszeiten nach Trägerphilosophie statt nach den Bedarfslagen von Familien ausrichten.

Für die Zukunft werden Rahmenvereinbarungen in Form von Leistungs-, Entgelt- und Qualitätsentwicklungsvereinbarungen eine größere Rolle spielen. In diesem Zusammenhang müssen sich die Träger verstärkt mit Finanzierungsformen auf der Grundlage von vertraglichen Finanzierungsregelungen nach §§ 77, 78 a ff. SGB VIII auseinander setzen, die rechtlichen Erfordernisse und die Vor- und Nachteile verschiedener Vertragsgestaltungen (im Hinblick auf Rechts-, Planungs- und Finanzierungssicherheit) prüfen und sich hierauf vorbereiten können. Die Stadtstaaten Berlin und nun auch Hamburg haben hier bereits eine gewisse „Vorreiterrolle" und sollten ihre Erfahrungen zur Entwicklung eines zukunftstauglichen Finanzierungssystems fortlaufend einbringen.

Darüber hinaus benötigen Träger und Einrichtungen handhabbare und praxisorientierte Hilfestellungen durch Fort-/Weiterbildung und Fachberatung sowie unterstützende Instrumentarien zur Entwicklung und Sicherung von Qualitätsprozessen und Qualitätskonzepten. Dies ist eine wichtige Voraussetzung und Vorbereitung auf Verhandlungen über Qualitätsentwicklungsvereinbarungen, die zunehmend „blindes" Vertrauen in die „Leistungsfähigkeit" von Trägern und Verbänden ersetzen. In Qualitätsentwicklungsvereinbarungen besteht eine wichtige Möglichkeit und Chance, die Interessen und Bedürfnisse von Kindern und Familien in den Mittelpunkt zu stellen und gleichzeitig die Qualität der Träger sichtbar zu machen, ohne dass bestimmte Qualitätsverfahren oder -systeme vorgeschrieben werden. Andererseits müssen insbesondere kleinere Träger finanziell in die Lage versetzt werden, die Anforderungen, die Qualitätsentwicklungsvereinbarungen stellen, erfüllen zu können.

Pro Kita e.V.
c/o Karin Gerstel
Jungfernheideweg 35
13629 Berlin
karin.gerstel@gmx.de

Statement:
„Welche Erwartungen haben die Eltern?"

Die politische Situation – damals und heute
Solange es Kindertagesstätten gibt, solange begleiten Eltern diese Einrichtungen kritisch. Waren sie eingangs – salopp gesagt – dazu gedacht, den aktualisierten § 218 praktisch umzusetzen, so sind heute die Kindertagesstätten längst nicht mehr nur Betreuungseinrichtungen für Kinder berufstätiger Frauen.

Diese Einrichtungen haben längst den Status von Bildungseinrichtungen erlangt. Dazu haben Erziehungswissenschaftler und Erziehungswissenschaftlerinnen, Eltern, Erzieher und Erzieherinnen und die Gewerkschaften ein großes Stück beigetragen. Zu erinnern sei an den großen zehnwöchigen **Kitastreik 1990** (SPD und Grüne) in Berlin. Dieser, von vielen Eltern mitgetragene Arbeitskampf, forderte Festschreibung von Qualitätsstandards in einem Tarifvertrag. Zu erinnern sei an die 11.000 mutigen Eltern: **1998** (Große Koalition) haben sie mit dem **Zahlungsboykott** eines Monatsbeitrags für qualitative Verbesserungen in Berliner Kindertageseinrichtungen gekämpft. Qualitätsstandards wollten Eltern in dem Berliner Kitagesetz und in der Personalverordnung festgelegt sehen. – Keine der Parteien hat sich in diesen Zeiten herausragend mit Ruhm bekleckert.

Auch die heutigen 4 Mrd. Euro, die innerhalb dieser Legislaturperiode von der Bundesregierung bereitgestellt werden sollen, sind Milliarden, die jahrelang überfällig waren. Politische Versäumnisse seit Jahren! Hausaufgaben, die lange angemahnt wurden!

Die Zeit nach PISA – unglaublich
Erreicht ist, dass die heutige Politik an Elternwünschen nicht mehr vorbeisteuern kann. Das aktuelle Wahldesaster der PDS hat dieses deutlich gezeigt. Vollmundig sind Vertreter dieser Partei beispielsweise vor den letzten Berliner Wahlen vor die Eltern getreten: niemals Kürzungen, Investitionen für den

Bildungsbereich seien notwendig und gewollt. Das Gegenteil wird praktisch umgesetzt: 69 Mio. Euro Kürzungen innerhalb von zwei Jahren durch allmähliche Vernichtung von 1200 Erzieher- und Erzieherinnenstellen für die Jahre 2002/2003. Auf dem letzten Bildungsparteitag der Berliner SPD spielte die Kita als Bildungseinrichtung keine Rolle.

Der Griff in die „Bildungstasche Kita" ist unter dieser derzeitigen Berliner Koalition der größte Bildungsskandal aller Zeiten – und das nach PISA! Andere Bundesländer verfahren ähnlich, z. B. Sachsen-Anhalt: 35 Mio. Euro Kürzungen im Kitabereich im Jahre 2003. Was soll also das ‚Schön-Gerede' von Kanzler Schröder, wenn parallel die Bundesländer auf dem Rücken von Bildungschancen anvertrauter Kinder ihre Haushaltsbücher sanieren.

Wird das dann die Summe von **vier Mrd. Euro** ausmachen, die unter großem Regierungsspektakel – **erst geraubt – dann wieder zurückgeschüttet** wird?!

Eine gute Bildungseinrichtung
Eltern verstehen unter einer guten Ganztagsbetreuung Kindertageseinrichtungen, ausgerüstet mit einem Personalschlüssel, der es ermöglicht, die Kinder ganztägig ohne Kompensation von Erzieher- und Erzieherinnenausfallzeiten individuell zu fördern, wo **Entwicklungsverzögerungen UND Begabungen frühzeitig** erkannt werden und diese **mit einem guten Ausgleichs- und Förderprogramm sinnvoll aufgefangen und gestützt** werden (Sport, Logopädie, muttersprachliche und zweitsprachliche Förderprogramme, Förderung der Feinmotorik, musikalische Früherziehung, ...). Darüber hinaus Anhebung der Ausbildung der Erzieher und Erzieherinnen auf Hochschulniveau, begleitende Fort- und Weiterbildungen.

Entwicklungsschere
Die aktuelle Erstklässler-Untersuchung Berlin-Spandau hat ergeben, dass die Entwicklungsschere von Erstklässlern erschreckend auseinander klafft. Fazit: Die heutige Politik trägt dem „Schatz der frühen Jahre" bis heute nicht in ausreichendem Maße Rechnung. **Die Zeit vor der Schule ist Schulvorbereitung und damit Weichenstellung!**
Während der Schulzeit greifen viele Eltern dann in die eigene Tasche und zahlen eine Menge Geld (ein zweistelliger Millionen-Euro-Betrag geht in die Kassen von privaten Nachhilfeinstituten), um den Forderungen des Schul-Bildungssystems gerecht zu werden. An dieser Stelle hätten die **Horte** eine sinnvolle **schulbegleitende Aufgabe** zu erfüllen, die sich der Ganzheitlichkeit verschreibt und sich nicht dem Diktat des Schulpaukens verpflichtet.

Rechtsanspruch des Kindes auf Bildung
Eltern wünschen sich eine stärkere Zusammenarbeit dieser verschiedenen Bildungssysteme, eine Verzahnung, die das Kind in den Mittelpunkt stellt, also: weg von der NUR-Versorgung (und der Aufteilung von Kitakind – Schulkind – Jugendlicher – Lehrling – arbeitsloser Jugendlicher) hin zur Umsetzung des Rechts auf Bildung und Chancengleichheit. **Individueller Rechtsanspruch des Kindes auf kostenlose ganzheitliche Bildung und Erziehung unabhängig vom Elternwillen und Elternerwerbsvermögen in sanierten und gut ausgestatteten Einrichtungen, in denen sich Kinder in anspruchsvollen Handlungs- und Erlebniszusammenhängen ausprobieren, erfahren und mit anderen handelnd erleben können.** – Das wäre das Geschenk, das die Gesellschaft der Erwachsenen den Kindern mit auf den Weg geben müsste. Die so häufig gehörte Mahnung der Einhaltung des sog. Generationsvertrages wird im Interesse von Kindern nicht eingehalten.

Stärkung der Eltern – Mitbestimmungsrechte für Eltern auf allen Ebenen
Entlassen Eltern ihre Kinder in gesellschaftliche Felder, begleiten sie diese und wünschen sich optimale Unterstützung und Mitwirkungsmöglichkeiten. **Mitwirkungsrechte** auch für Kitaeltern sind dafür **ein unabdingbares MUSS**. Schon heute haben Eltern Landeselternvertretungen und den Bundeselternverband für Tageseinrichtungen gegründet. Eine gesetzliche (kostenneutrale) Verankerung von MITBESTIMMUNGS-RECHTEN in wesentlichen politischen Gremien ist ein überfälliges MUSS. Politik ohne Beteiligtenbetroffenheit hat in der Vergangenheit versagt. Eine finanzielle Unterstützung dieser ehrenamtlichen Arbeit wäre mit einem **EURO-PRO-KIND-JAHR** eine angemessene finanzielle Grundlage zum Aufbau von Eltern-Begegnungszentren (wie in Berlin vom Landeselternausschuss ‚Kita' initiiert) und zur Durchführung von Vernetzungs- und Organisationsaufgaben.

4. Teil

„Bildung in Tageseinrichtungen für Kinder"

Stellungnahme der AGJ

Bildung in Tageseinrichtungen für Kinder

Stellungnahme der Arbeitsgemeinschaft für Jugendhilfe

Die Auseinandersetzungen über die Funktionen, den Stellenwert und die Umsetzung des Bildungsauftrages in Tageseinrichtungen für Kinder ziehen sich wie ein roter Faden durch die institutionelle Geschichte der Tageseinrichtungen.
Der spezifische Auftrag von Tageseinrichtungen für Kinder, Bildung, Erziehung und Betreuung zu gewährleisten, ist geprägt durch eine ganzheitliche Herangehensweise, die auf verschiedene Art und Weise verwirklicht werden kann. Unterschiedliche Ansätze sind von gleichrangiger Bedeutung, sofern sie prinzipiell dem gleichen Bildungsziel verpflichtet sind.

Die Diskussion über den Bildungsauftrag in Tageseinrichtungen für Kinder wurde nicht erst durch die Ergebnisse der PISA-Studie ausgelöst, sondern durch diese verstärkt. Das Bundesjugendkuratorium hat in seiner Streitschrift bereits vor der Veröffentlichung der PISA-Studie auf die Bedeutung von Bildungsprozessen in der Jugendhilfe hingewiesen und einen umfassenden Bildungsauftrag formuliert. Auch der 11. Kinder- und Jugendbericht mit seiner Pointierung „Öffentliche Verantwortung für eine Kultur des Aufwachsens" hat die Notwendigkeit aufgezeigt, sich der Bedeutung und der Wirkung von Bildungsprozessen in Tageseinrichtungen für Kinder zu vergewissern.

Die bildungs- und sozialpolitische Funktion der Tageseinrichtungen ist fachlich unstrittig. Die Tageseinrichtungen selbst müssen sich aber zunehmend die Frage stellen, wie sie Bildungsprozesse gestalten bzw. herausfordern und begleiten können. Hierzu bedarf es einer breiten und verbindlichen Unterstützung. Zur Zeit wird jedoch, wie überall, das Thema Bildung in Tageseinrichtungen für Kinder durch die anhaltende Finanzkrise der öffentlichen Haushalte überlagert. So können innovative Ansätze jedweder Art, oft nur in zeitlich befristeten Modellprojekten erprobt, jedoch nicht in die Fläche umgesetzt werden.

Die Ergebnisse der PISA-Studie sowie der 11. Kinder- und Jugendbericht, die Ergebnisse des Forums Bildung und die Streitschrift des Bundesjugendkuratoriums kommen, wenn auch aus unterschiedlicher Perspektive, im Kern zu gleichen Ergebnissen. Sie heben die Bedeutung der frühen Bildungsförderung im Elementarbereich hervor und reklamieren eine bessere Umsetzung.

Dabei ist jedoch für die Tageseinrichtungen für Kinder weder von einem schul- noch leistungsorientierten, sondern von einem eigenständigen Bildungsbegriff auszugehen, bei dem die Selbstbildung der Kinder im Mittelpunkt steht. Die AGJ spricht sich gegen eine Wiederaufnahme der Vorschulpädagogik der siebziger Jahre sowie gegen eine Reduzierung des Bildungsauftrages auf bestimmte Altersstufen aus. Der Bildungsauftrag bezieht sich auf das gesamte Feld der Tageseinrichtungen für Kinder.

Die AGJ hat sich stets in der Qualitäts- und Bildungsdebatte engagiert, unter anderem durch ihren Workshop zur Qualitätsdiskussion in Tageseinrichtungen für Kinder – Einführung und Praxiserfahrungen (3. Dezember 1998 in Königswinter), an dem Teilnehmer und Teilnehmerinnen aus dem Praxisfeld der Kindertageseinrichtungen beteiligt waren, durch die Beteiligung an der Formulierung der Leipziger Thesen und zuletzt durch die Fachtagung „Kindertagesstätten zahlen sich aus" (22./23.10.2002 in Berlin).

1. Bildung von Anfang an – für alle

Bildung ist ein lebenslanger Prozess. Von den Tageseinrichtungen für Kinder initiierte Bildungsprozesse können als gelungen betrachtet werden, wenn sie die Breite der mitgebrachten Anlagen des Kindes für gesellschaftlich legitimierbare und zukunftsfähige Themen ausschöpfen, das heranwachsende Kind in Beziehungen wechselseitiger Anerkennung sozial verankern und Entwürfe für ein aktives und an individuellen Glückserwartungen orientiertes Leben ermöglichen. Bildung wird für die nachwachsende Generation von zentraler Bedeutung für die Teilhabe am gesellschaftlichen Leben sein.

Aktuelle Ergebnisse der Neuro-Wissenschaft (Hirnforschung) und der Entwicklungspsychologie definieren Bildung als aktiven Prozess jedes Individuums zur „Aneignung von Welt" (im Humboldt´schen Sinne). Kinder übernehmen nicht einfach Bildungsinhalte, die Erwachsene ihnen zu vermitteln versuchen, sondern wählen aus, was für sie von Bedeutung ist. Sie konstruieren sich ihr eigenes Bild von der Welt (wie jeder Erwachsene auch). Grundlage für ihre Konstruktionsleistungen sind die Erfahrungen, die sie in Beziehung mit den Menschen und Dingen ihrer nächsten Umgebung machen. Der soziale Kontext und die vorfindbaren Erfahrungsräume bieten Anregungen. Insofern ist Bildung nicht nur ein individueller, sondern auch ein sozialer Prozess, an dem u. a. auch die Eltern, die Fachkräfte, die anderen Kinder und weitere Personen aktiv beteiligt sind.

Die zentrale Verantwortung von Erwachsenen bezieht sich auf die Gestaltung der Umwelt des Kindes und die Gestaltung der Interaktion mit dem Kind. Bildung wird damit als ko-konstruktiver Prozess verstanden, der unter Mitwirkung des familiären, kulturellen und ethnischen Hintergrundes des Kindes erfolgt.

2. Bildung ist mehr als Lernen

Bildung ist der umfassende Prozess der Entwicklung und Entfaltung derjenigen Fähigkeiten, die Menschen in die Lage versetzen, zu lernen, Leistungspotenziale zu entwickeln, zu handeln, Probleme zu lösen und Beziehungen zu gestalten.

Der Bildungsbegriff kann im einzelnen gefüllt werden durch:
- die Ausgestaltung und Differenzierung emotionaler Kräfte als Grundlage zum Aufbau von sozialen Beziehungen
- die Entwicklung der Gefühle sowie die Nutzung der Fantasie
- die Ausdifferenzierung sozialer Kompetenzen als Grundlage von Bildungsprozessen
- die Fähigkeit des Kindes, mit Belastungen, Übergängen, Veränderungen und Krisen so umzugehen, dass es darin Herausforderungen erblickt und seine Kräfte mobilisiert, die ihm eine erfolgreiche Bewältigung ermöglichen
- den Erwerb von Lernkompetenzen und die Organisation von Lernprozessen, Methoden, die nicht nur das Lernen selbst fördern, sondern auch das Lernen des Lernens
- Körpererfahrung durch Bewegungsvielfalt, -geschick und -freude, der Zusammenhang von Bewegung, Wahrnehmung und Denkentwicklung
- die (Aus)Formung der Sinne als Grundlage für differenzierte und sensible Wahrnehmung
- die Weiterentwicklung und Stärkung der Fähigkeiten wie z.B. Aufmerksamkeit, Konzentration, Gedächtnis und Kreativität sowie der Problemlöse- und Orientierungsfähigkeit
- die Nutzung und Weiterentwicklung kreativer Gestaltungs-, Ausdrucks- und Darstellungsformen wie in Kunst und Handwerk
- der Aufbau einer Beziehung zur Natur und Umwelt
- die Ausdifferenzierung des Verständnisses von alltäglichen Sachzusammenhängen
- die Ausdifferenzierung der Sprach- und Kommunikationsfähigkeit
- das Interesse an und die Auseinandersetzung mit der Bedeutung von Schriftzeichen für die Kommunikation

- das Interesse an mathematischen und naturwissenschaftlichen Zusammenhängen; Kompetenz im Umgang mit Medien und neuen Technologien
- die Übernahme von Verantwortung für das eigene Handeln und für Angelegenheiten der Gruppe.

3. Bildung als Teil der Jugendhilfe

Kindertageseinrichtungen sind Bildungsstätten, denn sie haben laut Gesetz (KJHG) einen eigenständigen Bildungs-, Erziehungs- und Betreuungsauftrag (§ 22, Abs. 2). Allerdings ist nicht im Einzelnen festgelegt, wie dieser Auftrag zu verwirklichen ist und welche Bedingungen zu schaffen sind, um Bildungsprozesse von Kindern zu unterstützen. Ungenügende Rahmenbedingungen stehen der Aufgabe im Wege, gute Voraussetzungen für Bildungsprozesse von Kindern zu schaffen. In der Ausbildung von Erziehern und Erzieherinnen ist dieses Verständnis von Bildung noch nicht genügend verbreitet, so dass ein erheblicher Nachholbedarf besteht, dieses Bild vom Kind, von Entwicklung und von Lernen als Grundlage für die Bildungsprozesse der Auszubildenden zu machen.

- Tageseinrichtungen für Kinder leisten einen erheblichen Beitrag zur Vereinbarkeit von Familie und Beruf.
- Durch das Wunsch- und Wahlrecht der Eltern (§ 5 KJHG) kann eine fruchtbare Kooperation bei der gemeinsamen Bildung, Erziehung und Betreuung erfolgen.
- Gemäß des Auftrags der Jugendhilfe zur Verbesserung der Lebensbedingungen von jungen Menschen (§ 1, Abs. 3 KJHG) gehört die aktuelle Analyse von gesellschaftlichen Entwicklungen zu ihren Aufgaben. Eine Zusammenarbeit mit verschiedenen Institutionen insbesondere bei der Vorbereitung von Übergängen der Kinder, wie z. B. von der Tageseinrichtung in die Schule, ist selbstverständlich.
- In diesem Zusammenhang werden Bildungsziele permanent reflektiert und ggf. aktualisiert. Situationsanalysen sind Grundlage für die Planung und Ausgestaltung von Angeboten.
- Aktuelle wissenschaftliche Erkenntnisse werden bei der Konzept(weiter)entwicklung berücksichtigt.

4. Chancengleichheit durch den Besuch von Tageseinrichtungen für alle Kinder

Das Ziel der Chancengleichheit, hat auch immer mit Gerechtigkeit zu tun. Um Chancengleichheit herzustellen, ist ein Rahmen nötig, der einen Ausgleich der mitgebrachten Benachteiligungen ermöglicht und fördert.

- Benachteiligung wird frühzeitig erkannt und entsprechende Gegenmaßnahmen werden eingeleitet.
- Kinder von Zuwanderern und Zuwanderinnen eigenen sich die deutsche Kultur an und deutsche Kinder lernen andere Kulturen kennen.
- Kindern wird die Vielfalt von Lebens- und Kommunikationsformen vermittelt
- Kinder lernen, sich mit Kindern und auch Erwachsenen auseinander zu setzen.
- Kinder mit Behinderungen müssen ebenso wie gesunde Kinder eigene Bildungserfahrungen machen können. Dazu braucht es eine Umgebung, die Integration und gezielte Förderung ermöglicht.
- Mädchen und Jungen werden in der Entwicklung ihrer Geschlechtsrollenidentität gleichermaßen begleitet und unterstützt. Eine differenzierte Sicht auf die soziale Geschlechtsrolle ohne Festlegung auf ein einengendes Verständnis von Frauen- und Männerrollen (Gender Mainstreaming) wird als integrales Prinzip gesehen und insbesondere in der Sozial- und Sexualerziehung berücksichtigt.

5. Methodische Umsetzung der Bildungsinhalte

Der spezifische Auftrag an Bildung in Tageseinrichtungen erfordert entsprechende Methoden und Prinzipien:
- Ausgangspunkt ist die individuelle Entwicklungs- und Lerngeschichte jedes Kindes.
- Bildungsinhalte liegen in den aktuellen Interessen und Bedürfnissen der Kinder.
- Unterschiedlich begabte Kinder haben Raum für ihre individuellen Bildungswege.
- Die Bildungsaktivitäten der Kinder müssen beobachtet werden, um daraus Anregungen für ihre individuelle Unterstützung ableiten zu können.
- Lernsituationen ergeben sich aus dem Lebenszusammenhang und lassen sich nicht nach Entwicklungsbereichen unterteilen (ganzheitliche Bildung).

- Bildung erfolgt handlungs- und anschauungsbezogen und in Interaktion mit anderen (Kindern und Erwachsenen).
- Die Erwachsenen tragen die Verantwortung für entwicklungs- und kompetenzfördernde Interaktionen und Raumgestaltung.
- Tageseinrichtungen für Kinder haben Werkstattcharakter, der den Forschergeist und die Experimentierfreude von Kindern unterstützt und selbständige Erkundungen ermöglicht.
- Die selbstständige Bewältigung des Alltagslebens ist zentrales Element von Bildung in Tageseinrichtungen.
- Methodisch kommt dem Spiel eine Schlüsselrolle zu: Das Kind setzt sich im Spiel mit seiner Umwelt auseinander und lernt die Realität zu bewältigen.
- Anregung, Herausforderung und Förderung sowie Entspannungs- und Ruhepausen müssen in einem ausgewogenen Verhältnis stehen und den individuellen Bedürfnissen und Interessen des Kindes gerecht werden.

6. Bildung verlangt Professionalität

Was in der aktuellen Bildungsdebatte von Erziehern und Erzieherinnen gefordert wird, muss in der Fachausbildung verankert sein. Wissenschaftliche Erkenntnisse müssen sich schneller in Ausbildungen widerspiegeln. Es genügt nicht, den neuen Bildungsbegriff als Lehrinhalt aufzunehmen, sondern die gesamte Ausbildungssituation muss sich mehr auf die aktive Aneignung von Bildungsinhalten einstellen. Erzieher und Erzieherinnen, die selbst nicht eine Würdigung von individuellen Bildungswegen erfahren haben und nicht gelernt haben, eigene Interessen auszubilden, werden ohne Unterstützung kaum in der Lage sein, die neuen Anforderungen an Bildung in Tageseinrichtungen umzusetzen und Kinder in ihren Ko-Konstruktionsprozessen bei ihrer Aneignung der Welt angemessen zu unterstützen.

Fachberatung und Fortbildung sind wesentliche Voraussetzungen, um den Bildungsauftrag in den Tageseinrichtungen für Kinder zu realisieren. Die bisherige Trennung zwischen Wissenschaft/Forschung – Ausbildung – Praxis muss durchbrochen werden. Die AGJ fordert die Bundesregierung auf, hierzu Modellversuche durchzuführen, die herkömmliche und neue Ausbildungswege miteinander verbinden und die Kooperation von Forschung, Aus- und Weiterbildung und Praxis institutionalisieren.

Schlussfolgerungen:

1. Die Ergebnisse der nationalen Qualitätsinitiative sind in einen konkreten Rahmen zu fassen. Das pädagogische Personal benötigt einen Orientierungsrahmen zu den Bildungs- und Erziehungsinhalten. Hierzu müssen sich die freien und öffentlichen Träger der Tageseinrichtungen für Kinder verständigen.

2. Die Träger müssen die Bildungsqualität in den Tageseinrichtungen offensiv steuern. Die Einrichtungen sind entsprechend zu unterstützen.

3. Aus Sicht der AGJ ist ein bundesweites und trägerübergreifendes Bündnis notwendig, das entsprechende Umsetzungsschritte plant und Empfehlungen für die Umsetzung vorbereitet und verbindlich verabschiedet. Die AGJ unterstützt den geplanten Bildungs- und Betreuungsgipfel der Bundesregierung mit Ländern, Kommunen, freien Trägern und Unternehmen.

4. Tagesstätten für Kinder sollen als Orte für Angebote der Eltern- und Familienbildung zur Verfügung stehen. Sie stehen dabei in der Mitverantwortung, die fachlichen und inhaltlichen Angebote zu gestalten und zu koordinieren. Dies geht weit über die bisher übliche Elternarbeit hinaus. Um dieses Ziel mittelfristig umzusetzen, bedarf es der rechtlichen Verankerung in den Kindergarten/Kindertagesstättengesetzen. Zugleich müssen die Erzieherinnen durch entsprechende Aus- und Fortbildung in die Lage versetzt werden, diese Aufgabe erfüllen zu können.

5. Im Kontext der Weiterentwicklung der Zusammenarbeit mit den Eltern sollte die Entwicklungs- und Bildungsplanung für die Kinder mit den Eltern abgestimmt werden. Entwicklungsprozesse der Kinder müssen dokumentiert und die Bildungsarbeit der Einrichtung evaluiert werden.

6. Eine sozialräumliche und lebensweltorientierte Bildungsarbeit in Tageseinrichtungen ist zuunterstützen. Die Übergänge für die Kinder in die institutionelle Bildung im Bereich der Schule sind zu erleichtern. Dabei wird der Impuls zur Klärung von der Schule als aufnehmende Institution zu erwarten sein.

7. Finanzielle Ressourcen sind entsprechend fachlicher Standards zur Verfügung zu stellen. Die derzeitige Situation der Länder und Kommunen ist alarmierend, darf aber nicht dazu führen, die notwendige bildungspolitische Schwerpunktsetzung in Frage zu stellen.

8. Der absehbare Mangel an Erzieherinnen und Erziehern bei einem weiteren Ausbau des Platzangebots für Kinder unter drei Jahren macht ein Personalentwicklungskonzept dringend notwendig.

9. Die Veränderungen der inhaltlichen Gestaltung des gesetzlich verankerten Bildungsauftrages muss selbstverständlich mit einer grundlegenden inhaltlichen und strukturellen Reform der Erzieherinnenausbildung verknüpft werden sowie angemessene Fortbildungsmöglichkeiten für Erzieherinnen gewährleisten. Der 11. Kinder- und Jugendbericht hat hierzu entsprechende Aussagen gemacht.

Ein anspruchsvolles Bildungssystem muss im frühkindlichen Bereich ansetzen. Dies zeigen im europäischen Kontext die Länder, die in den letzten Jahren die Bedeutung der Pädagogik der frühen Kindheit erkannt haben (vgl. z. B. die Ergebnisse der OECD-Studie 1998-2000 „Starting Strong" über Systeme der Kindertagesbetreuung und frühkindlichen Bildung in 12 Ländern). Tageseinrichtungen für Kinder sind Lernorte – aber keine vorgezogene Schule. Kinder brauchen verlässliche Beziehungen zu Erzieherinnen und Erziehern und vertraute Orte, um ihr Sozialverhalten, die emotionalen und kognitiven Fähigkeiten zu entfalten. Hier beginnen Integration und die Verwirklichung von Chancengleichheit. Tageseinrichtungen für Kinder bieten die bestmögliche Vorraussetzung für eine sozialräumliche und lebensweltorientierte Bildungsarbeit. Tageseinrichtungen für Kinder sollen dazu beitragen, positive Lebensbedingungen für junge Menschen und ihre Familien sowie eine kinder- und familienfreundliche Umwelt zu erhalten oder zu schaffen. Die Orientierung an der Lebenslage und den Bedürfnissen der Kinder erfordert eine „Pädagogik der Vielfalt". Kindertagesstätten sind als Einrichtungen der Jugendhilfe gut geeignet, den Bildungsauftrag zu verwirklichen.

Berlin, 26./27. November 2002
Vorstand der Arbeitsgemeinschaft für Jugendhilfe

5. Teil

Autorinnen und Autoren

Autorinnen und Autoren

Professor Dr. Hans Bertram
Humboldt-Universität zu Berlin
Leiter des Fachbereichs Mikrosoziologie
E-mail: hbertram@rz.hu-berlin.de

Helga Böhme
Fachberaterin im Landratsamt Miesbach
Amt für Jugend und Familie
E-mail: helga.boehme@lra-mb.bayern.de

Dipl.-Päd. Kathrin Bock-Famulla
Universität Bielefeld
Fakultät für Pädagogik
E-mail: kathrin.bock@postuni-bielefeld.de

Wolfgang Dichans
Referatsleiter im
Bundesministerium für Familie, Senioren,
Frauen und Jugend
E-mail: wolfgang.dichans@bmfsfj.bund.de

Karin Gerstel
Vorsitzende des Vereins „pro kita e. V.", Berlin
E-mail: Karin.gerstel@gmx.de

Ulla Grob-Menges
Geschäftsführerin des
Schweizer Krippenverbandes
E-mail: chkrippen@smile.ch

Reto Gugg
Sozialdepartement der Stadt Zürich
Departementssekretär
E-mail: Reto.Gugg@sd.stzh.ch

Burkhard Hintzsche
Beigeordneter für Jugend, Soziales und
Wohnen der Stadt Bielefeld
E-mail: burkhard.hintzsche@bielefeld.de

Minister Dr. Frank-Michael Pietzsch
Ministerium für Soziales, Familie und Gesundheit
des Freistaats Thüringen
Vorsitzender der Jugendministerkonferenz

Professor Dr. Thomas Rauschenbach
Direktor des Deutschen Jugendinstituts (DJI)
E-mail: rauschenbach@dji.de

Dr. Harald Seehausen
Innovations- und Forschungsagentur
Prack & Seehausen, Frankfurt/Main
E-mail: prack.seehausen@t-online.de

Mechthild Weßels
Referentin für Kinder- und Familienhilfe beim
Deutschen Paritätischen Wohlfahrtsverband
E-mail: Mechthild.Wessels@paritaet.org

Dr. Christoph Zschocke
Pastpräsident des Bundesverbands Junge Unternehmer
E-mail: C.Zschocke@oekotec.de